Sayime Erben

Gewalt und Ehre

Reihe Sozialwissenschaften

Band 26

Sayime Erben

Gewalt und Ehre

Ehrbezogene Gewalt aus Täterperspektive

Centaurus Verlag & Media UG

Zur Autorin

Sayime Erben studierte Lehramt Deutsch an der Selçuk Universität Konya/Türkei und machte anschließend ihren Magister in Erziehungswissenschaften. Sie promovierte in Pädagogik an der Ludwigs-Maximilian Universität München. Derzeit arbeitet sie als Dozentin an der Konya Universität.

Bibliografische Informationen der Deutschen Nationalbibliothek
Die Deutsche Nationalbibliothek verzeichnet diese Publikation in der Deutschen Nationalbibliografie; detaillierte bibliografische Daten sind im Internet über http://dnb.d-nb.de abrufbar.

ISBN 978-3-86226-146-8   ISBN 978-3-86226-955-6 (eBook)
DOI 10.1007/978-3-86226-955-6

ISSN 0177-2813

Gedruckt auf säurefreiem und chlorfrei gebleichtem Papier.

© CENTAURUS Verlag & Media KG, Freiburg 2012
www.centaurus-verlag.de

Umschlaggestaltung: Jasmin Morgenthaler, Visuelle Kommunikation
Satz: Vorlage des Autors

Inhaltsverzeichnis

Abbildungsverzeichnis

Tabellenverzeichnis

Thematische Einführung

Gewalt im Namen der Ehre zählt zu den unmenschlichsten und grausamsten „Sitten" der Welt. Bis vor wenigen Jahren kam diese Thematik nicht nur in der deutschen Öffentlichkeit, sondern auch in den betroffenen Ländern, wie z.B. der Türkei, kaum zur Sprache. Inzwischen aber wird diese „Sitte" im öffentlichen Diskurs thematisiert und von wissenschaftlichen Forschungen gestreift. Dabei fällt auf, dass der Entstehungszusammenhang ehrbezogener Gewalt oft vorurteilsbehaftet und wenig sachkundig ist; bestimmte Praktiken werden sehr schnell als islamisch- patriarchalisch gedeutet. Auffällig ist auch, dass meist nur Statistiken[1] mit einer vermutlich sehr hohen Dunkelziffer genannt werden, in der die Motive der Täter lediglich sehr oberflächlich sichtbar werden. Diese Tätermotive sind somit noch zu wenig erforscht worden.

Dahingegen wurden in letzter Zeit einige Studien zu ehrbezogener Gewalt durchgeführt, in denen die Opferperspektive stärker berücksichtigt wird. Neben Autobiographien einiger von ehrbezogener Gewalt betroffener Frauen, wie Fatma Bläser[2], Serap Cileli[3], Hanife Gashi[4], Hülya Kalkan[5] und Seyran Ates[6] sind hier auch Bücher von Frauen zu nennen, die ihre eigenen Biographien ins Allgemeine

---

[1] Dem UN-Bericht aus dem Jahre 2000 zufolge sollen jährlich ca. 5000 Ehrenmorde in 14 Ländern (Bangladesch, Brasilien, Ecuador, Ägypten, Indien, Israel, Italien, Jordanien, Marocco, Pakistan, Schweden, Türkei, Uganda, England) verübt werden. Vgl. United Nations Population Fund (UNFPA) (2000): State of World Population 2000. New York. Kapitel 3. Im Internet unter: http://www.unfpa.org/swp/2000/english/ch03.html (09.04.2011). Dort sind aber einige Länder, in denen ehrbezogene Gewalt vorkommen, wie Afghanistan, und auch Zuwanderungsländer, wie etwa Deutschland, nicht erfasst. Nichtregierungsorganisationen wie TERRE DES FEMMES weisen deshalb weltweit auf eine möglicherweise höhere Anzahl an ehrbezogener Gewalt hin. Vgl. Böhmecke, Myria (TERRE DES FEMMES) (ohne Jahr): Studie: Ehrenmord. Tübingen. S. 7- 8.

[2] Bläser, Fatma (2004): Hennamond. Mein Leben zwischen zwei Welten. Berlin.

[3] Cileli, Serap (2002): Wir sind eure Töchter, nicht eure Ehre! Michelstadt.

[4] Gashi, Hanife (2005): Mein Schmerz trägt deinen Namen. Ein Ehrenmord in Deutschland. Hamburg.

[5] Kalkan, Hülya (2005): Ich wollte nur frei sein. Meine Flucht vor der Zwangsehe. Berlin.

[6] Ates, Seyran (2005): Große Reise ins Feuer. Berlin.

1

heben und dafür plädieren, der überzogenen Toleranz gegenüber ehrbezogener Gewalt ein Ende zu setzen. Zu nennen sind hier Necla Kelek[7] und Seyran Ates[8].

Obgleich derartige Forschungen nützlich und notwendig sind, um die Opferperspektive ehrbezogener Gewalt zu erfassen, so ermöglichen sie kein umfassendes Bild, da die Täterperspektive außen vor bleibt. Allerdings gehört zu ehrbezogener Gewalt auch immer eine Betrachtung der gegensätzlichen Seite, nämlich die Sicht der Personen, die im Namen der Ehre Gewalt ausgeübt haben. Nur so ist es möglich, Gegenstrategien und Maßnahmen entwickeln zu können, um dieser Problematik vorbeugen zu können.

Argumentiert man in die Richtung, dass ehrbezogene Gewalt typische Verhaltensweisen muslimischer Männer seien und ihren Ursprung im Islam[9] hätten, so wird dadurch eine wichtige Seite verkannt, nämlich mehr über ehrbezogene Gewalt sowie die Perspektive der im Namen der Ehre Gewalt ausübende Personen herauszufinden, um hieraus entsprechende Gegenstrategien und Maßnahmen entwickeln zu können. Die Thematik der ehrbezogenen Gewalt kann jedoch nur dann erfolgreich angegangen werden, wenn nicht nur über die Sicht der Opfer, sondern vielmehr auch über die Sicht der Täter detaillierte Informationen vorliegen.

Betrachtet man die Täterperspektive näher, so beruft sich die Mehrheit der Personen, die im Namen der Ehre Gewalt ausüben, auf das Ehrprinzip, um ihre Tat zu rechtfertigen. Deshalb lautet die zentrale Fragestellung dieser Studie, was Männer, die im Namen der Ehre Gewalt ausüben, unter Ehre verstehen und inwieweit die-

---

[7] Kelek, Necla (2006): Die verlorenen Söhne. Köln.

[8] Ates, Seyran (2007): Der Multikulti- Irrtum. Berlin.

[9] Das Konzept von „Ehre" ist im Bereich der nahöstlichen Tradition und des Volksislam anzusiedeln und wenig mit dem Koran zu begründen. Gewalt im Namen der Ehre ist eine vorislamische Praxis, die mit der Theologie des Islams nicht begründet werden können. Der Koran nennt zwar den Begriff der „Ehre" an einigen Stellen (3, 26- 27; 49, 13; 70, 23- 35), aber es geht in diesem Zusammenhang um die Ehre, die Allah dem rechten Gläubigen gibt, vor allem dadurch, dass er ihm nach seinem Tod Zugang zum Paradies gewährt. Weder der Koran noch die islamische Überlieferung sprechen in dem Sinn von Ehre, wie er vor allem im ländlichen Bereich, dem von Stammesdenken und Stammesstrukturen geprägten islamischen Umfeld gelebt wird. Die Auffassung davon, was „Ehre" (im Türkischen „namus") ist, wird also vor allem durch die Tradition bestimmt, sowie durch die Werte und Normen, die innerhalb der Stämme und Familienclans gelebt werden. Seit seiner Entstehungszeit ist der Islam mit Stammesstrukturen verbunden, denn die Arabische Halbinsel war zu Lebzeiten des Propheten Muhammed´s von arabischen Stämmen besiedelt. Besonders im ländlichen Bereich, wo die Familienbande durch Heiraten und gegenseitige wirtschaftliche Abhängigkeiten stark und die Großfamilien vielfach intakt bleiben, sind die Auffassungen von Ehre noch heute sehr lebendig.

2

ses Verständnis den Täter und seine Handlungen terminieren. Hierzu wird analysiert, wie die Betrachtung der Ehre als Lebensmaxime und die Orientierung an Traditionen, die patriarchalen Beziehungen innerhalb der Familie, die sozioökonomischen Bedingungen sowie der Erwartungsdruck des sozialen Umfeldes den sozialen Kontext der Täter bedingen, was durch verschiedene Theorien erklärt werden wird.

Ziel der vorliegenden Studie ist es deshalb, das Ehrverständnis von Männern, die im Namen der Ehre Gewalt ausüben, herauszuarbeiten. Um weiterhin die darauf aufbauende Einstellung und Handlungsweisen dieser Männer zu eruieren, sind in diesem Kontext Verhaltensweisen, die diese Männer als Ehrverletzung deuten, zu identifizieren und inwiefern nach ihrer Meinung eine Bestrafung einer Ehrverletzung angebracht wäre. Damit soll diese Studie einen Beitrag dazu leisten, was ehrbezogene Gewalt ausmacht.

Zur Beantwortung der Forschungsfragen werden nicht nur theoretische Erklärungen herangezogen, sondern im Rahmen qualitativer Interviews, in denen die Interviewpartner offen und ehrlich Stellung bezogen, auch Sichtweisen von Tätern einbezogen, um ein umfassendes Verständnis zu generieren. Befragt wurden hierzu fünf in der Türkei lebende Männer, die im Namen der Ehre Gewalt ausgeübt haben. Diese kommen aus bildungsfernen Familien, die aus dem ländlich geprägten Teil der Türkei stammen. Problematisch war dabei insbesondere die Kontaktaufnahme zu den jeweiligen Interviewpartnern: Einerseits haben Männer, die im Namen der Ehre Gewalt ausgeübt haben, kein Interesse daran, zu wissenschaftlichen Zwecken „vermarktet" zu werden; andererseits können sich die Personen unter Umständen sehr schnell unter Druck von ihren Familien sehen, da sie unabhängig der Form ehrbezogener Gewalt meist von ihren Familien oder durch gesellschaftlichen Druck zu der Tat angestiftet wurden.

Ein wesentlicher Schwerpunkt der Interviews war das Thema innerfamiliäre Gewalt und damit einhergehend die Beziehung zwischen Mann und Frau untereinander. Einen weiteren Schwerpunkt bildeten die Ehrverletzung, die zur ehrbezogenen Gewalttat führten, sowie die Bestrafung der Ehrverletzung. Da weiterhin davon auszugehen war, dass die Interviewpartner nicht über die begangene Tat selbst sprechen würden und wollen, da dies als heikel und unangenehm empfunden werden könnte, wurde die Tat eben nicht direkt thematisiert, sondern es wurde gefragt, was die Interviewpartner unter Ehre und Ehrverletzung verstehen und wie diese nach deren Meinung zu bestrafen ist.

Weiterhin wird in im Rahmen dieser Studie geführten Interviews geklärt werden, welche Verhaltensweisen von den Befragten als Ehrverletzung gedeutet werden und wie eine Ehrverletzung nach Meinung der Befragten zu bestrafen ist. Die Konzentration liegt hierbei auf türkischen Männern, die im Namen der Ehre Gewalt ausgeübt haben. Hierbei wird angenommen, dass vor allem bei ihnen die patriarchalen Beziehungen innerhalb der Familie infolge des Machtungleichgewichts der Geschlechter und der Kontrolle der Männer über die Frauen den sozialen Kontext enorm prägen. Es ist zudem davon auszugehen, dass sich die Männer durch das Verhalten der Frau in ihrem Ehrgefühl verletzt fühlen. Weiterhin zählen uneheliche Beziehungen oder auch nur Gerüchte über das unehrenhafte Verhalten der Frau ebenso zu Motiven für ehrbezogene Gewalt wie die Wiederherstellung der sozialen Integrität des Mannes und seiner Familie.

Auf Basis dieser Ausführungen kann der Aufbau der vorliegenden Studie wie folgt konkretisiert werden:

Im ersten Kapitel wird zunächst ein Überblick über den Forschungsstand sowie vorhandene Literatur zu dem Themenbereich Ehrverbrechen gegeben. Dieser Überblick wird sich dabei insbesondere auf wissenschaftliche Studien und Veröffentlichungen über Ehrverbrechen aus dem türkisch- und arabischsprachigen (Kapitel 1.1) sowie aus dem deutschsprachigen Raum (Kapitel 1.2) stützen. Neben einer kurzen Darstellung der Ergebnisse anderer Studien werden vorrangig die bearbeiteten Themen aufgezeigt, von welchen theoretischen Annahmen ausgegangen wird und in welchen Bereichen offene Fragen und Lücken auszumachen sind.

Aufgrund der Tatsache, dass sich Täter von Ehrverbrechen zur Rechtfertigung ihrer Tat mehrheitlich auf das Ehrprinzip berufen sowie zudem überwiegend aus islamischen Ländern stammen, widmet sich das zweite Kapitel dem Stellenwert der Ehre, der Verbreitung von Ehrverbrechen sowie deren rechtlicher Einordnung in der Türkei und einigen islamischen Ländern. Ziel ist es, dadurch die Gemeinsamkeiten des Ehrenkomplexes in diesen Gesellschaften darzustellen. Hierzu wird in Abschnitt 2.1 anhand einer Analyse des türkischen Ehrbegriffs *namus* und dessen Funktionen erklärt, was Gewalt im Namen der Ehre bedeutet. Abschnitt 2.2. legt den Fokus ausführlich auf die Bedeutung der Ehre in der türkischen Gesellschaft. Die Wiederherstellung der Ehre sowie der soziale Druck der Gesellschaft sind Gegenstand von Abschnitt 2.3. Ausführungen zur Rolle geschlechtsspezifischer Erziehung in Abschnitt 2.4 zeigt weiterhin, dass das Ehrprinzip schon in der frühen Kindheit während der Erziehung vermittelt wird, damit es verinnerlicht werden kann.

Im dritten Kapitel der Arbeit werden ausführlich geschlechtersoziologische Theorien und Konzeptionen behandelt, die nach Ansicht des Autors besonders dazu geeignet sind, Geschlechterverhältnisse und insbesondere die Geschlechterungleichheit in den jeweiligen Gesellschaften und Kulturen zu beschreiben und zu (er-)klären. In Abschnitt 3.1 wird insbesondere auf die theoretischen Perspektiven des Radikalfeminismus, des marxistischen Feminismus und der Klassenanalyse eingegangen, um Informationen über die Ursachen der Unterdrückung von Frauen und auch über die Gewalttätigkeit der Männer gegenüber Frauen geben zu können. Da sich diese Erklärungsansätze nur auf die Beziehungen zwischen den Geschlechtern beschränken und nur auf den Bereich der patriarchalen Beziehungen und der traditionellen Rollenverteilung angewendet werden können, wird die Betrachtung der Ehre als Lebensmaxime und die Orientierung an Traditionen durch kriminalsoziologische Theorien in Abschnitt 3.2 erklärt.

Nach den theoretischen Ausführungen werden in Kapitel Vier die Methodik sowie die angewendeten Forschungsinstrumente vorgestellt: Zunächst wird in Abschnitt 4.1. die methodische Vorgehensweise begründet und beschrieben; anschließend wird in Abschnitt 4.2 die Entwicklung des Interviewleitfadens erklärt; die charakteristischen Merkmale der Befragten sowie das konkrete Vorgehen bei der Durchführung werden in Abschnitt 4.3 aufgeführt, Abschnitt 4.4 schließt mit einer Erläuterung zur Datenauswertung.

In Kapitel Fünf erfolgt dann die Darstellung und Auswertung der Interviewergebnisse und es werden die Verhältnisse der Geschlechter (Abschnitt 5.1), die Bedeutung der Ehre (Abschnitt 5.2) sowie die Wiederherstellung der Ehre und die Rolle des sozialen Umfeldes (Abschnitt 5.3) im Hinblick auf die Aussagen der Interviewpartner diskutiert. Anhand dieser Aussagen lassen sich Phänomene aufzeigen, die sich für die Situation von Männern, die im Namen der Ehre Gewalt ausgeübt haben, als typisch erwiesen haben. Kapitel Sechs schließt die Studie mit einer Zusammenfassung und Darstellung der zentralen Erkenntnisse und Ergebnisse und bietet Vorschläge zur Bekämpfung ehrbezogener Gewalt.

Ziel war es, herauszuarbeiten, welche präventiven Handlungsmuster zu erkennen sind. Dabei ließ sich aus den Gesprächen mit den Männern schließen, welche Aspekte das Leben der Männer prägen und an welcher Stelle präventiver Handlungsbedarf besteht. Wenngleich diese Untersuchung nur Männer, die nach traditionellen türkischen Werten sozialisiert sind und patriarchale Vorstellungen von Geschlechterrollen haben[10], erfasst und demnach weder repräsentativ noch generalisierbar ist, so ermöglicht sie einen guten Einblick bzgl. des Verständnisses von Ehre, Ehrverletzung und Bestrafung dieser und bildet die Basis für weiterführende Studien.

---

[10] Es handelt sich zwar um türkische Männer, die in der Türkei leben und in der Türkei sozialisiert sind, dennoch erlaubt diese Untersuchung Rückschlüsse über die Sichtweise von Männern, die eine Lebensform wählen, die sich an ländlich- traditionellen Werten orientiert und die im Namen der Ehre Gewalt ausgeübt haben.

1. Studien über ehrbezogene Gewalt

Da es sich in dieser Arbeit um die Thematisierung der Perspektive türkischer Männer handelt, die im Namen der Ehre Gewalt ausüben, ist es sinnvoll, Erkenntnisse über internationale und wissenschaftliche Studien einzubeziehen, um zu verdeutlichen, welche Perspektiven und theoretischen Ansätze bis dato im Zentrum des Forschungsinteresses zu ehrbezogener Gewalt stehen.

1.1 Thematisierung von ehrbezogener Gewalt in türkisch- und arabisch-sprachigen Studien

Obwohl es ausführliche Untersuchungen über den Begriff Ehre und deren Bedeutung gibt (vgl. Peristiany, 1965; Blok, 1982; Herzfeld, 1984; Schiffauer, 1985; Pervizat, 2005; Giordano, 1994; Pitt-Rivers, 1992), existieren jedoch nur wenige internationale und wissenschaftliche Datenquellen zum Thema ehrbezogene Gewalt, wobei die Mehrheit an Quellen zu diesem Thema aus dem türkischen und arabischen Raum stammt[11]. Die Stärke der türkischen und arabischen Fachliteratur zeigt sich insbesondere bei Fallstudien, Ursachenforschung und empirischen Studien bezüglich der Meinungsforschung zu diesem Themenkomplex.

Eine der bedeutendsten türkischsprachigen Studien ist die Untersuchung von Yirmibesoglu (2005). Yirmibesoglu untersuchte 355 ehrbezogene Gewalttaten zwischen 1995 und 2000 (Yirmibesoglu, 2005: 48f.), wobei sie ihre Recherchen auf ehrbezogene Gewalttaten in Städten, von denen die meisten im Osten und Südosten der Türkei liegen, konzentrierten. Hinsichtlich der Gewalttaten konnte sie im Rahmen einer Auswertung von 300 Gerichtsakten 213 weibliche Opfer und insgesamt (weiblich, männlich) 355 Tötungsdelikte ausmachen[12] (ebd.: 88). Des

---

[11] Dies könnte man mit dem persönlichen Bezug der Autoren erklären, da Gewalt im Namen der Ehre stärker in islamischen Ländern auftreten.

[12] Die meisten Betroffenen, sowohl Opfer als Täter, verfügten über keinen hohen Bildungsgrad, konnten nur lesen und schreiben und verfügten außer der Grundschule über keine Bildung. In den meisten Fällen arbeiteten die Täter in der Landwirtschaft oder als einfache Arbeiter. Die Opfer waren in der Mehrheit mit den Tätern verheiratet oder standen in einer meist engen verwandtschaftlichen Beziehung zu den Tätern.

Weiteren hat sie im Jahr 2000 in acht Städten (Diyarbakir, Sanliurfa, Mardin, Kilis, Van, Adana, Batman, Gaziantep) mit 320 Männern und 240 Frauen Face-to-face-Interviews durchgeführt. Zentrales Ergebnis dieser qualitativen Untersuchung ist, dass die Personen aus dem Hauptuntersuchungsgebiet Ehre mit dem Ansehen der Familie gleichsetzen und ohne Ehre keinen Sinn im Leben sehen[13]. Obwohl die Studie von Yirmibesoglu empirisch sehr umfassend ist, ist kein theoretischer Hintergrund zu erkennen. Auch werden mögliche Ursachen nur in Teilpunkten angeschnitten, ohne sie ausführlicher zu erläutern.

Ein häufig zitierter Experte für dieses Thema ist Ergil. Er analysierte im Zeitraum zwischen 1970-75 über 273 Fälle ehrbezogener Gewalttaten anhand von Polizeidokumenten in Istanbul, Ankara und Izmir. Hierbei legte er seinen Fokus auf die Berufe der Täter sowie auf deren soziale Schicht (Ergil, 1980: 199f.), da er davon ausgeht, dass ehrbezogene Gewalttaten eine Folge des sozioökonomischen Wettbewerbs sind. Zwar sind Ergils Studien etwas älter, doch seine Thesen treffen heute noch auf die Erscheinungsformen dieser Gewalttaten zu. Seine Hauptthesen lauten:

- Ehrbezogene Gewalttaten werden von Männern ausgeübt, die der sozialen Unterschicht zuzuordnen sind[14];
- Männer bilden die Mehrheit der Opfer[15];
- Die Motive sind unehrenhaftes Verhalten der Frau, verbale Beleidigung, Eifersucht etc.;
- Tatorte sind das eigene Haus, öffentliche Plätze, Dorf, Haus eines Bekannten oder Verwandten etc.

Ähnliche Ergebnisse liefert auch die Studie von SAF[16] (Sisters Arab Forum for Human Rights) – Jemen. Demnach waren die häufigsten Ursachen und Motive für Ehrverbrechen in Sana:

---

[13]   Auch in dieser Arbeit konnte festgestellt werden, dass die befragten Männer die Ehre als den größten Sinn im Leben sehen (siehe Kapitel 5.2).

[14]   Diese These kann heute noch anhand aktueller Quellen bestätigt werden.

[15]   Zwar belegt die eigene Untersuchung der Autorin, dass die Mehrheit der Opfer weiblich ist, doch es wurde auch deutlich, dass die Täter (hier die befragten Männer) auch Opfer durch familiären und gesellschaftlichen Druck sind (siehe Kapitel 5.3.).

- Verdacht der Untreue;
- niedriger Bildungsstand der Täter;
- mangelnde sexuelle Aufklärung der jungvermählten Männer;
- Einfluss der Stammeskultur und der jemenitischen Kultur (SAF, 2005: 39).

Eine weitere wichtige Datenquelle stellen die Veröffentlichungen der Frauenorganisation Akader in Diyarbakir/Türkei dar, die 2003 ein internationales Symposium über Ehrverbrechen organisierte[17]. Zitiert wird in der Veröffentlichung eine Meinungsumfrage bei Studenten der Dicle Universität in Diyarbeakir; in dieser Befragung wurden 2003 52 Studenten[18] zwischen 17 und 30 Jahren interviewt. Fokus der Umfrage war, ob sie ihr Leben nach Traditionen ausrichten. 59 Prozent gaben an, dass sie sich manchmal nach ihnen richten, während beachtliche 29 Prozent betonten, dass sie sie immer befolgen würden. 12 Prozent dagegen vertraten die Meinung, dass sie sich unbedingt nach ihnen richten müssten.

Auf die Frage, was sie tun würden, falls ihre Ehepartner untreu wären, gaben die Befragten folgende Antworten: 49 Prozent gaben eine sofortige Scheidung als Antwort an, 19 Prozent würden dagegen einen einmaligen „Fehltritt" verzeihen, während 13 Prozent es betonten, dass sie ihren Partner umbringen würden. 6 Prozent waren dagegen der Ansicht, dass Untreue eine natürliche Angelegenheit sei. 13 Prozent stimmten den vorgegebenen Antwortmöglichkeiten nicht zu.

Die Frage, was sie tun würden, wenn ein weibliches Familienmitglied aus dem Elternhaus fliehen würde, antworteten 46 Prozent der Frauen und 39 Prozent der Männer, dass dies kein Problem sei, wenn sie zurückkäme und sich für ihr Verhalten entschuldigen würde. 19 Prozent der Frauen und Männer meinten, dass sie nichts unternehmen würden, da so etwas vorkommen könne. 4 Prozent dagegen (beider Geschlechtergruppen) antworteten, dass sie sie selbst töten und umbringen lassen würden. Weiterhin gaben 15 Prozent der Männer und 8 Prozent der Frauen

---

[16] Die Studie untersuchte Ehrverbrechen, die in Sana im Jemen begangen wurden. Die Mitglieder von SAF führten 78 Interviews mit Personen aus den drei Berufsbereichen, die täglich mit Ehrverbrechen konfrontiert werden; Gesundheitspersonal, Polizei und Juristen.

[17] Akader (2003). Internationales Symposium über Ehrenmorde-2003 Diyarbakir. URL: www.akader.org

[18] 75 Prozent der Befragten stammten aus Diyarbakir oder Umgebung, die restlichen 21 Prozent stammten nicht aus anatolischen Gebieten. Auffallend ist, dass die Eltern der Befragten im Durchschnitt nur über einen niedrigen Bildungsgrad verfügen (vgl. Akader, 2003: 56).

an, dass sie die Entflohene ablehnen würden. 23 Prozent zogen andere Alternativen als die vorgegebenen Antwortmöglichkeiten vor (Akader, 2003: 59).

Wie diese Studie klar verdeutlicht, wenngleich die Ergebnisse erschreckende Erkenntnisse liefern, zeigt sich auch die jüngere Generation stark von alten Traditionen und dem Ehrprinzip geprägt. Gerade in diesem Zusammenhang wird in der vorliegenden Arbeit davon ausgegangen, dass Männer, die im Namen der Ehre Gewalt ausgeübt haben, ihr Leben nach Traditionen richten und diesen Traditionen eine große Bedeutung beimessen.

Auch die Frauenorganisation Kamer mit Sitz in Diyarbakir/Türkei lieferte wichtige Erkenntnisse in ihrem Bericht über Ehrverbrechen im Osten und Südosten der Türkei aus dem Jahr 2005. Hierfür wurden im Zeitraum von 2003 bis 2005 vier Tageszeitungen in Bezug auf ihre Berichterstattung über Ehrverbrechen analysiert (Kamer, 2005: 19f.). Es konnte festgestellt werden, dass 38 Prozent dieser Verbrechen aufgrund der vermuteten Untreue der Frau begangen wurde, 26 Prozent wegen des nicht normkonformen Verhaltens des Opfers und 14 Prozent wegen sozialer Nachrede. Die Opfer waren fast ausschließlich weiblich, wovon 24 Prozent der unter 18 Jahren, 26 Prozent zwischen 18 und 25 und 34 Prozent über 25 Jahre alt waren. Auffallend an der Berichterstattung war vor allem die detaillierte Schilderung des begangenen Verbrechens, wobei die Medien vorrangig von traditionellen Verbrechen sprachen anstatt von Ehrverbrechen. Durch die Fokussierung auf den allmächtigen Charakter der Traditionen rücken die Täter der Verbrechen oft in den Hintergrund. Aber die Schlagzeilen geben auch die Verzweiflung und die Ohnmacht gegenüber diesen Taten wieder.

Einen weiteren Forschungsbeitrag zu ehrbezogenen Gewalttaten liefert die Dissertation von Pervizat, in der die Autorin insgesamt 200 Gerichtsakten analysierte (Pervizat, 2005: 138f.). Dabei vertritt sie die These, dass das Ungleichgewicht zwischen den Geschlechtern und dessen Auswirkungen in Abhängigkeit von Zeit, Raum und sozialen Umständen die Hauptursachen für das Auftreten der ehrbezogenen Gewalttaten bilden. Hinsichtlich der Rolle der Frau im Allgemeinen zeigte sie, dass Frauen in der Türkei in ihren Rechten eingeschränkt sind und dass sie nicht als Menschen, sondern als zu besitzende Objekte betrachtet werden. Alle Opfer hätten gemein, dass sie sich den allgemeinen Moralvorstellungen und dem Ehrenkodex widersetzten und ein den sozialen Maßstäben unangepasstes Verhalten aufwiesen. Weiterhin geht sie davon aus, dass ehrbezogene Gewalttaten viel mit den Ängsten und Unsicherheiten der Männer bezüglich ihrer Männlichkeit zu tun haben, da die Täter bspw. Davon ausgehen, dass die Untreue einer Frau bedeutet, dass ihr ein Mann nicht mehr ausreicht oder dass ihr Kind von einem anderen Mann gezeugt sein könnte. Aus Sicht der Täter würden diese Minderwertigkeitskomplexe gegenüber anderen Männern sie demnach zu diesen Gewaltverbrechen aus Ehre zwingen. Diese Motive werden dadurch verstärkt, dass ein aggressives Verhalten in der männlich dominierten und patriarchalisch strukturierten türkischen Gesellschaft eine hohe Zustimmung bekommt (Pervizat, 2005: 256). Da auch die vorliegende Arbeit das Verhältnis der Geschlechter zueinander thematisiert, wird es interessant zu sehen sein, ob auch die für diese Arbeit interviewten Männer Frauen als zu besitzende Objekte betrachten.

Perzivat fordert Untersuchungen ehrbezogener Gewalttaten in anderen Regionen der Türkei, z.B. am Schwarzen Meer oder im östlichen Anatolien. Ihrer Meinung nach ist es nicht angebracht, diese Gewalttaten nur den südanatolischen Gebieten zuzuschreiben, wenn diese Gewaltdelikte in anderen Regionen noch nicht untersucht worden sind. Dieser Ansicht jedoch kann nicht folgt werden, da eigene Recherchen belegen, dass unabhängig davon, wo ehrbezogene Gewalttaten auftreten, die Täter dennoch meist aus ruralen südostanatolischen Gebieten stammen. Auch Farac zitiert in seinem Buch über Ehrverbrechen „Töre kiskacinda kadin"[19], dass Ehrverbrechen verstärkt in sozioökonomisch schwachen Gebieten wie im östlichen oder südostanatolischen Raum auftreten (Farac, 2005: 175).

Die Arbeit von Araji (2007) erklärt aggressives Verhalten bis hin zu Ehrverbrechen mit dem Kontrollverlust der Männer hinsichtlich des Verhaltens der Frauen. Die Ehre könnte nur dann wiederhergestellt und die Scham[20], die durch diesen Kontrollverlust entsteht, nur beseitigt werden, wenn die Frau bestraft würde. Dabei kommt die Autorin zu dem Ergebnis, dass für die Ehre der Männer zwar ihr sozialer Status, ihre Herkunft und ihr soziales Engagement eine gewisse Rolle spielen, ihre Ehre letztlich aber von der erfolgreichen Kontrolle des Sexualverhaltens der weiblichen Familienmitglieder abhängt (Araji, 2007). Daraus beziehen die Männer

---

[19] Farac gibt in seinem Buch viele Fallbeispiele von Ehrverbrechen wieder. Siehe Farac, M. (2005). Töre kiskacinda kadin. İstanbul.

[20] Kontrolle und Scham betrachtet Araji als zwei wichtige Dimensionen des Ehrenkonzepts.

das Recht, ihre Ehre und die Ehre der weiblichen Familienmitglieder mit allen Mitteln zu verteidigen.

Die Soziologien Khayyat (1991) setzte sich in ihrer Untersuchung mit der Bedeutung des Ehrprinzips sowie der Stellung der Frauen im Irak auseinander. Nach Khayyat zeigt sich die Unterdrückung der irakischen Frauen vor allem in der Erziehung nach dem traditionellen Rollenverständnis. Sie betont, dass die Unterdrückung der Frauen durch die Familie alle Lebensbereiche erfasst und auch das Benehmen einer Frau nicht als Ausdruck ihrer individuellen Persönlichkeit, sondern als Spiegel der ganzen, weit verzweigten Familie gesehen werden kann (Khayyat, 1991: 209f.). Die Frauen sind zudem gesellschaftlich isoliert und ihr Lebensraum beschränkt sich ausschließlich auf das Haus. Von einer „guten Frau" sprechen die Iraker nur dann, wenn die Frau gegenüber ihrem Mann unterwürfig und gehorsam ist. Des Weiteren weist Khayyat drauf hin, dass die Frauen im Irak dazu erzogen werden, dass Geschlechtsverkehr schmutzig, unehrenhaft und sündhaft ist. Dennoch wird von ihnen erwartet, dass sie die sexuellen Bedürfnisse ihrer Männer erfüllen, da es auch ihre Pflicht gegenüber Gott ist, wonach Ehen im Irak eine religiös gestattete Form von Sexualität sind.

Von Mojab und Abdo (2003) wurde eine weitere Untersuchung zu Ehrverbrechen in Irak, Israel und Palästina durchgeführt. Sie betonen, dass die Dominanz des männlichen Geschlechts im arabischen Raum von vielen sozialen Institutionen wie Sprache, Religion, Gesetze, Familie, Kultur und Medien produziert bzw. reproduziert wird und somit zur Entstehung einer patriarchalen Gewalt führt. Die Staaten und deren rechtlich-politische Struktur würden zudem die Fundamente des patriarchalen Systems stützen und dessen Fortbestand sichern (Mojab/Abdo, 2003: 1f.). Als eine der Hauptursachen für das Auftreten von Ehrverbrechen sehen sie demnach den fundamentalistischen Islam, wobei sie diese Ausprägung als nicht Gott gewollt oder islamisch gerechtfertigt betrachten, sondern als „man-made" und somit als eine reine Auslegungsfrage (ebd.: 61f.). Weiterhin vertreten die Autoren die Auffassung, Ehrverbrechen nicht auf die islamischen Länder zu beschränken, da sie z. B. auch in Israel genauso häufig vorkommen würden.

Hosseini (2006) hingegen betrachtet die Verbrechen im Namen der Ehre nicht als religiöse Angelegenheit, sondern als eine kulturelle Praxis, die vor allem in ärmeren und ungebildeten Bevölkerungsschichten stattfinden, die den Islam falsch interpretieren.

Diesem Verständnis folgt auch Khan (2006), nach dessen These Ehrverbrechen zwar kulturell bedingt sind, aber auf gemeinsame Ursachen zurückzuführen sind. Dabei betont die Autorin die Bedeutung von ökonomischen Systemen, die die Gemeinschaft und den sozialen Status der Frauen enorm beeinflussen und dazu führen, dass Frauen aufgrund ökonomischer Motive im Namen der Ehre Gewalt angetan wird. Außerdem wird Männern in patrilinearen Gesellschaften im Vergleich zu Frauen ein höherer Wert beigemessen, Söhne würden bevorzugt und Frauen hätten einen geringeren sozialen Status[21] (Khan, 2006: 23). Auch Khan vertritt die These – wie alle sich mit dem Thema Ehrverbrechen befassende Forscher –, dass die Ehre der Frau eng mit ihrer Sexualität und ihrem normkonformen Verhalten in Zusammenhang steht.

Zusammenfassend zu den hier dargestellten Studien kann festgehalten werden, dass die Studien aus dem türkischen und arabischen Raum zwar ausführliche und wertvolle Informationen über sozioökonomische und geschlechtsbedingte Ursachen sehr gut wiedergeben, aber die Sichtweise von Männern, die ein Ehrverbrechen begangen haben, jedoch kaum thematisiert wird. Daher versucht die vorliegende Arbeit im Gegensatz dazu herauszustellen, was Männer, die im Namen der Ehre Gewalt ausgeübt haben, unter Ehre und Ehrverletzung verstehen und welche Reaktionen sie bei Ehrverletzungen zeigen würden.

Dennoch zeigen die türkisch- und arabischsprachigen Studien über Ehrverbrechen als mögliche Beweggründe für Gewalttaten im Namen der Ehre das unehrenhafte Verhalten der Frau oder das nicht normkonforme Verhalten des Opfers und dass Frauen in dieser Hinsicht benachteiligt sind. Ehrverbrechen werden dabei überwiegend in patriarchalisch strukturierten Gesellschaften verübt. Auch wird die Ehre eines Mannes dem normkonformen Sexualverhalten seiner Frau gleichgesetzt. Diese Aspekte verstärken die Annahme, dass heute ein deutlicher Anteil der türkischen Frauen insbesondere in ländlichen Strukturen den traditionellen und patriarchalen Rollenvorstellungen unterworfen sind. Hierbei ist es wichtig zu betonen, dass diese Aspekte auf die Frauen der städtischen Kultur weniger zutreffen, da sie verstärkt nach westlich demokratischen Werten leben.

---

[21] Die von ihr aufgeführten Ursachen treffen in vielen Bereichen auch auf die Ehrverbrechen in der türkischen Gesellschaft zu (vgl. Khan, 2006, URL: www.usconsulate-istanbul.org.tr/reppub/vawo/tkhan.html (24.03.2009).

1.2 Thematisierung von ehrbezogener Gewalt in deutschsprachigen Studien

Die Thematik der Ehrverbrechen ist in Deutschland seit einigen Jahren aktuell. In Deutschland liefert das Bundeskriminalamt (2006) und die Frauenorganisation Terre des Femmes (2005) ausführliche Informationen zu Ehrverbrechen unter den Migranten in Deutschland auf die im Folgenden näher eingegangen wird.

Nach der Studie des Bundeskriminalamtes, die im Jahre 2006 veröffentlicht wurde, gab es in Deutschland im Untersuchungszeitraum 1996-2005 70 Fälle mit 48 weiblichen und 22 männlichen Opfern. Als Herkunftsland der Täter[22] und Opfer konnte zwar in den meisten Fällen die Türkei ausgemacht werden, von den 70 Opfern aber waren 35 türkischer, 18 deutscher und 6 serbischer Herkunft, die übrigen Opfer stammten überwiegend aus islamisch geprägten Ländern (Bundeskriminalamt, 2005: 12). Weiterhin hatten 31 der Opfer eine Beziehung mit dem Täter, 20 Opfer waren enge Verwandte des Täters (ebd.: 15).

Als häufigste Ursache für diese Tathandlungen konnten Partnerschaftskonflikte ausgemacht werden. In der Mehrheit der Fälle (30) war das Tatmotiv der Trennungswunsch des Opfers, in 11 Fällen eine außereheliche Beziehung, in 7 Fällen eine nicht geduldete Beziehung, in 4 Fällen der westliche Lebensstil des Opfers und für 3 Fälle gab es keine erkennbaren Motive (ebd.: 16). Anzumerken ist, dass nur ein Teil der als Ehrverbrechen polizeilich untersuchten Fälle dem in den Medien und der Literatur dargestellten Phänomen in vollem Umfang entspricht. Als Ursache für diese Taten gab die BKA-Studie die auch nach der Migration andauernde starre Verwurzelung in vormodernen agrarischen Wirtschafts- und Sozialstrukturen und das damit verbundene patriarchalische Familienverständnis an.

Ähnliche Ergebnisse liefert auch die Studie der Frauenorganisation Terre des Femmes[23]. Sie kam zu dem Ergebnis[24], dass Täter in Bezug auf Ehrverbrechen mit

---

[22] Die Nationalität der Täter konnte nicht genau untersucht werden, da viele Täter als Nachfahren von Migranten die deutsche Staatsangehörigkeit hatten.

[23] Die Studie hebt hervor, dass in Deutschland die Diskussion über Ehrverbrechen, Integration der Migranten oder Zwangsheirat zwar seit 2004 zugenommen habe, die Ehrverbrechen als wichtigstes Thema jedoch erst seit der Ermordung von Hatun Sürücü im Jahr 2006 wahrgenommen worden sind. Im Zuge dieser Diskussion sei die Öffentlichkeit verstärkt auf die patriarchalen Parallelgesellschaften der Migranten und die dort übliche Unterdrückung der Frauen aufmerksam geworden. Siehe Terredes Femmes 2005, URL: www.frauenrechte.de/tdf/pdf/EU-Studie_ Ehrenmord.pdf (11.04.2005).

[24] In der vorliegenden Arbeit werden nur die Ehrverbrechen in Deutschland näher vorgestellt.

türkischem kulturellem Hintergrund mit 77 Prozent die Mehrheit ausmachten; ihnen folgten mit 10 Prozent libanesische Täter, mit 7 Prozent Migranten aus dem ehemaligen Jugoslawien und mit jeweils 2 Prozent Täter aus Afghanistan, Jordanien und Marokko. Bei den insgesamt 68 Opfern waren 62 Prozent der Betroffenen weiblichen und 38 Prozent männlichen Geschlechts (Terre des Femmes, 2005: 23).

Als Gründe für die Tat wurden ähnlich der BKA-Studie mit 44 Prozent der Trennungswunsch des Opfers, mit 32 Prozent eine außereheliche Beziehung des Opfers, mit 15 Prozent andere Gründe und bei 9 Prozent eine Zwangsheirat als maßgeblich genannt. Es zeigt sich, dass das Selbstbestimmungsrecht des Opfers in Beziehungsfragen das Hauptmotiv bei Ehrverbrechen in Deutschland ist. In der Mehrheit der Fälle war der Ehemann des Opfers der Täter (36 Prozent), bei 28 Prozent war es der Bruder, bei 19 Prozent der Vater, bei 4 Prozent die Mutter und bei 9 Prozent waren es andere Verwandte des Opfers (ebd.: 25).

Bezüglich der Verbreitung der Ehrverbrechen bei Migrantenfamilien betont die Organisation, dass viele Familien aus der zweiten und der dritten Generation der Heimat verbunden und konservativer eingestellt sind als ihre Vorfahren. Die fehlende Integration der Betroffenen in die deutsche Kultur und der zunehmende Fundamentalismus haben diese Entwicklung negativ beeinflusst und die Abschirmung der Migrantinnen von der Mehrheitsgesellschaft und ihre Unterdrückung in patriarchalisch strukturierten Familien verstärkt. Auch die hohe Arbeitslosigkeit und die fehlenden Sprachkenntnisse der Migranten hätten die Bildung von konservativen Parallelgesellschaften innerhalb Deutschlands begünstigt (ebd.: 20). Aufgrund dieser Aspekte sind insbesondere die jungen Töchter dieser Familien einem Wertekonflikt zwischen der traditionellen und der westlich deutschen Kultur ausgesetzt.

Die Auseinandersetzung mit dem deutschsprachigen Forschungsstand zum Themenkomplex der Ehrverbrechen zeigt eine Fixierung der Täter und Opfer auf einzelne Migrantengruppen. Da Ehrverbrechen in Deutschland verstärkt bei Bürgern mit Migrationshintergrund auftreten, ist diese Perspektive nachvollziehbar. Diese Herangehensweise lässt jedoch dem spezifischen kulturellen Hintergrund der Täter – eine der wichtigsten Ursachen der Delikte im Namen der Ehre – wenig Raum. Folglich bleiben die Herkunftsländer der Betroffenen meist unberücksichtigt (vgl. die BKA- Studie aus dem Jahr 2006, die auf den kulturellen Hintergrund der Täter kaum eingeht). Auffällig ist ebenfalls, dass der Kulturkonflikt, von denen sowohl Täter als auch Opfer betroffen sind, besonders ausgeprägt und zutreffend dargestellt wird. Modernisierung und Verwestlichung traditioneller Gesellschaften führen demnach nicht zu einer Verringerung der Ausübung von Gewalt im Namen der Ehre, da im Gegenteil die Menschen in Umbruchzeiten oft verstärkt an ihren Ehr- und Wertvorstellungen festhalten. Die bessere Integration der Migranten in Deutschland könnte bewirken, dass diese sich den Wertvorstellungen Deutschlands anpassen und nicht mehr in gleichem Umfang ihren mitgebrachten traditionellen und patriarchalen Wert- und Ehrvorstellungen folgen.

2. Gewalt im Namen der Ehre als gesellschaftliches Problem

„Im Namen der Ehre" wird Frauen in nahezu allen Teilen der Welt und in allen soziokulturellen Milieus Gewalt angetan: Nach einer Studie des UN-Weltbevölkerungsberichts betrifft dies jährlich rund 5000 Mädchen und Frauen in mindestens 14 Ländern. Die Dunkelziffer[25] sei allerdings sehr viel höher, weil die wenigsten Fälle zur Anzeige gebracht werden. Und diese Legitimierung von Gewalt an Frauen scheint in der Familie, in der Gemeinschaft und Gesellschaft Akzeptanz zu finden.

Ehrverbrechen werden weltweit als Menschenrechtsverletzungen gesehen, die sowohl in muslimischen als auch in nicht-muslimischen Ländern[26] praktiziert werden. Anzumerken ist aber, dass Ehrverbrechen in islamischen Ländern verstärkt vorkommen, das heißt im arabischen, persisch-afghanischen, türkischen und kurdischen Kulturkreis. Das Auftreten der Ehrverbrechen in islamischen Ländern liegt dabei unter anderem in der Unterdrückung der Frauen sowie in dem zunehmenden islamischen Extremismus, der alle Aspekte des öffentlichen, privaten und spirituellen Lebens beeinflusst (vgl. Goodwin, 2003: 7f.). Welchman und Hosseini hingegen begründen dies damit, dass die Familie in arabischen Gesellschaften ähnlich wie in der Türkei als die zentrale Einheit des ökonomischen, sozialen und religiösen Lebens[27] betrachtet wird und deshalb die Verletzung der Ehre eines Familien-

---

[25] Khan schätzt die Dunkelziffer der jährlichen Ehrverbrechen auf über 100.000. Siehe (Khan, 2005: 32).

[26] Als Beispiel sind lateinamerikanische Länder wie Argentinien, Ecuador, Mexiko, Venezuela und Brasilien zu nenen. In europäischen Ländern treten Ehrverbrechen vorwiegend in Großstädten und Ballungszentren mit einem hohen Anteil muslimischer Einwanderer auf. Manchmal geschehen sie als Folge eines Konflikts von Migranten der dritten oder vierten Generation. Auch die Männersubkultur der jugendlichen Migranten spielt hierbei eine wichtige Rolle. Baumeister betont in diesem Kontext, dass das Fortbestehen der Ehrendelikte bei den Zuwanderern durch das zähe Festhalten an überkommenem Brauch, Defizite in der Durchsetzbarkeit staatlicher Macht und die enge Verknüpfung mit einem außerordentliche hoch eingestuften ethnischen Faktor geprägt ist (Baumeister, 2007: 95).

[27] Ahmad, die Gründerin der pakistanischen Frauenorganisation Daughters of Islam, die Frauen über ihre Rechte im Islam aufklärt, erklärt den Zusammenhang zwischen dem Auftreten der Ehrverbrechen und der falschen Interpretation islamischer Glaubensvorstellungen wie folgt: „Most either could not or had never bothered to read the Koran in the original, and so they re-

mitglieds als Verletzung der Ehre der ganzen Familie wahrgenommen wird. Um dies deutlich zu veranschaulichen wird im Folgenden die Verbreitung und die Erscheinungsformen von Ehrverbrechen in der Türkei und in einigen islamischen Ländern kurz dargestellt.

Türkei

In der Türkei gibt es keine offiziellen Daten, die auf die Häufigkeit von Ehrenmorden schließen lassen. Nach Angaben der türkischen Polizei wurden in den Jahren 2000 bis 2006 1190 Personen Opfer von Ehrverbrechen (vgl. Posta vom 04.03.2006). Die türkische Nichtregierungsorganisation Women for Women's Human Rights – New Ways (WWHR) gab jedoch an, dass die Zahl der gemeldeten Ehrenmorde angestiegen sei. Dies sei jedoch nicht zwangsläufig auf eine Zunahme von Ehrverbrechen, sondern vielmehr auf die erhöhte Bereitschaft, Ehrenmorde bei den Behörden anzuzeigen, zurückzuführen[28]. Der Freedom House Bericht 2007, der im Juli 2008 veröffentlicht wurde, weist darauf hin, dass Häusliche Gewalt und Ehrverbrechen weiterhin häufig auftreten, wenngleich die Strafrechtsrevision härtere Strafen für Verbrechen gegen Frauen sowie die Abschaffung der Möglichkeit, eine Strafminderung in Fällen von Vergewaltigung und Ehrenmorden zu erlangen, vorsieht[29]. Die Frankfurter Rundschau berichtete am 14.08.2006, dass die türkischen Behörden in den vergangenen sechs Jahren „1091 mutmaßliche Ehremorde [...], ganz überwiegend in kurdischen Familien" regis-

---

lied on the interpretations of it by men. Islam is a religion that liberated women, and that same religion is being used to oppress them. The backward position of Muslim women today is due to the misinterpretations-insage for Muslim women it is that they must study their religion for themselves, learn what it really says, not accept someone elses idea. Only then they will be able to fight for their rights with the very weapon currently used against them- the Koran" (Goodwin, 2003: 57).

[28] Home Office– UK Border Agency: Country of Origin Information Report: Turkey. UK Border Agency, Country of Origin Information Service, 29. August 2008. URL: www.homeoffice. gov.uk/rds/country_reports.html#countries (24.01.2009).

[29] Freedom House: Freedom in the World, Country Report Turkey, 2008: published 2 July 2008. URL: www.freedomhouse.org/inc/content/pubs/fiw/inc_country_detail.cfm?year=2008&country=7508&pf (22.12.2008).

triert hätten[30]. Besonders im kurdischen Südosten der Türkei ist Gewalt gegen Frauen sehr verbreitet. Dies wird unter anderem auf die Armut zurück geführt.

In der Türkei bewegt sich das Strafmaß für Ehrverbrechen zwischen 12 und 20 Jahren, wobei viele Täter aufgrund strafmildernder Umstände bereits nach zwei bis fünf Jahren entlassen werden. Da die meisten Ehrverbrechen im Affekt begangen werden, gelten sie nicht als vorsätzliche Tötungen mit einem entsprechenden Strafrahmen. Auch kann die ursprüngliche Strafe von 20 Jahren auf 15 Jahre verkürzt werden. Hinzu kommt Geständigkeit des Täters vor Gericht, wodurch die Strafe weiter auf 10 Jahre verkürzt werden kann (§ 19 Strafgesetz). Wenn der Täter jünger ist, wird diese Strafe nochmals um ein Drittel gemindert. Auffällig ist auch, dass in vielen Gerichtsakten Ehrverbrechen mit Formulierungen wie „den Traditionen zufolge" oder „die Sittlichkeitsregeln verletzende Verhaltensweise" beschrieben werden (vgl. Yirmibesoglu, 2005: 29). Diese Ausdrücke zeigen, wie sehr Ehrverbrechen durch bestehende Traditionen gerechtfertigt angesehen werden.

Ägypten

Welchman und Hosseini, die Verbrechen im Namen der Ehre in Ägypten untersuchten, kamen zu der Schlussfolgerung, dass Ehrenmorde rund 6 Prozent aller begangenen Morde ausmachen (Welchman/ Hosseini, 2005: 138f.). Waren 1993 47,1 Prozent der Frauen in Ägypten Opfer von Ehrverbrechen[31], so zählten Welchman und Hosseini 1995 bei insgesamt 843 Tötungsdelikten 52 Ehrverbrechen. Im Jahr 2000 dagegen vermuteten sie, dass 10 Prozent der Verbrechen im Namen der Ehre ausgeübt wurden. Sie machten darauf aufmerksam, dass vielen Mädchen wegen des unbewiesenen Verdachts, ihre Jungfräulichkeit vorzeitig verloren zu haben, Gewalt angetan wurde.

Im ägyptischen Strafgesetz ist es einem Ehepartner erlaubt, seinen Partner bei unsittlicher Handlung zu bestrafen. Nach Paragraf 245 kann man sich wehren, wenn seinem Eigentum schaden angerichtet wird[32]. Der Ehemann bekommt bei

---

[30] Höhler, G. (2006): Türkische Regierung kämpft gegen „Ehrenmorde". In: Frankfurter Rundschau, 14.08.2006.

[31] Dabei würden sie speziell der Opfergruppe angehören, die vergewaltigt wurden.

[32] Dies wird meist so interpretiert, dass die Frau das Besitztum des Mannes ist.

einem Ehrverbrechen nur eine Haftstrafe zwischen drei und sieben Jahren. Dasselbe jedoch gilt für die Frau nicht (vgl. Pervizat, 2005: 131).

Jemen

Im Jemen wurden in den Jahren von 1998 bis 2002 insgesamt 89 Tötungen von Ehefrauen durch ihre Männer registriert. Die Polizisten vermuten, dass ca. 85 Prozent dieser Frauen Opfer von Ehrverbrechen sind (vgl. SAF, 2005: 26). Bei 40 Prozent der Ehrverbrechen lautet das Motiv der Verdacht auf Untreue der Frau, bei weiteren 40 Prozent die Flucht der Tochter aus dem Haus oder die Verehelichung der Tochter ohne die Zustimmung der Familie und bei den übrigen 20 Prozent ist das Ertappen der Frau mit einem anderen Mann das Hauptmotiv (ebd.: 39). Im Jemen ist es schon ein Verbrechen, wenn ein Paar in Gegenden spazieren geht, wo keiner sie kennt und weiß, ob sie verheiratet sind oder nicht. Ehrverbrechen werden in erster Linie von den Vätern der Frauen begangen, weil diese für den Ruf ihrer Töchter verantwortlich sind. Den Vätern folgen dann die Söhne oder die Cousins der Familie als Tätergruppe. Zu den Ursachen der Ehrverbrechen gehören die mangelnde Ausbildung der Täter sowie der Einfluss der jemenitischen Kultur.

Im jemenischen Strafgesetz (Artikel 232) kann ein Mann, der seine Frau mit ihrem Liebhaber erwischt und sie daraufhin tötet, frei gesprochen werden oder erhält nur eine Strafe von einem Jahr. Das Töten der Frau wegen Untreue wird in Paragraf 320 mit dem Töten eines Tieres gleichgesetzt. Nach der jemenitischen Gesetzgebung erwartet den Täter auch dann keine Strafe, wenn sich das Tatmotiv nicht bewahrheitet hat und der Frau wegen falschen Verdachts Gewalt angetan wurde (vgl. SAF, 2005: 33).

Irak

Es gibt keine offiziellen Statistiken bezüglich der im Irak verübten Ehrenmorde. Die Organization of Women's Freedom in Iraq (OWFI) ließ jedoch verlauten, dass zwischen März 2007 und März 2008 hunderte Mädchen und Frauen im Irak sowie in den irakischen Kurdengebieten im Namen der Ehre getötet oder in den Selbst-

20

mord gedrängt wurden[33]. Auch die United Nations Assistance for Iraq (UNAMI) berichtet in ihrem 2007 veröffentlichten Bericht, dass insbesondere in der bislang als relativ friedlich bezeichneten kurdischen Region des Nordirak die Zahl der gewalttätigen Übergriffe auf Mädchen und Frauen erheblich gestiegen sei[34]. Die Organisation Kurdish Women's Action Against Honour Killing (KWAHK) spricht von hunderten Frauen und Mädchen, die allein im Nordirak zwischen 1991 und 1998 im Namen der Ehre verletzt und getötet wurden[35]. In diesem Zusammenhang wird zugleich bemängelt, dass die Verbrechen nicht in juristisch adäquater Weise aufgeklärt werden.

Die unzureichende juristische Aufklärung von Ehrverbrechen kann zum Teil darauf zurückgeführt werden, dass deren gesellschaftliche Akzeptanz sehr groß ist. Zudem gewähren die irakischen Gesetze vielfach bei Ehrverbrechen Strafmilderung. So berichtete der UNHCR in seinem Bericht vom August 2007, dass das im Zentral- und Südirak anwendbare Strafrecht für Verbrechen, die aufgrund „ehrenhafter Motive" ausgeführt werden, milde Strafen vorsieht[36]. Die kurdische Obrigkeit hat ähnliche Bestimmungen aus dem Gesetz entfernt. Dennoch steigt auch in den kurdischen Gebieten, etwa in den Städten Duhok, Erbil und Sulaimaniyah die Zahl der Mädchen und Frauen, die Opfer von Ehrenmorden werden[37].

Insbesondere die Sexualität der Frauen wird durch die traditionellen Verhaltenskodizes regelrecht unterdrückt. Allein Gerüchte über den Verlust der Jungfräulichkeit reichen aus, um das Ansehen der Familie in der Gesellschaft derart zu schmälern, dass die Familienehre gewaltsam wiederhergestellt wird – notfalls durch den Tod der Betroffenen. Verliert ein Mädchen oder eine Frau tatsächlich vor der Ehe ihre Jungfräulichkeit, so ist es hinsichtlich des Ehrverlustes unerheblich, ob dies durch vorsätzliches Verhalten der Betroffenen geschehen ist (also beispielsweise durch einvernehmlichen vorehelichen Geschlechtsverkehr) oder

---

[33] WLUML: International: One year after Du'a Khalil Aswad was stoned to death, Zugriff am 26.03.2008.

[34] UN Assistance Mission for Iraq: Human Rights Report. 1 January – 31 March 2007.

[35] Amnesty International: Iraq – Decades of suffering. Now women deserve better, AI Index: MDE. URL: www.amnesty.org/en/library/asset/MDE14/001/2005/en/dom-MDE 140012005en. pdf (14.01.2005).

[36] UNHCR: UNHCR's Eligibility Guidelines for assessing the international protection needs of Iraqi asylum seekers. Geneva, August 2007. URL: http://www.unhcr.org/cgibin/texis/vtx/refworld/rwmain?page=country&docid=46deb05557&skip=&coi=IRQ.

aufgrund einer Vergewaltigung. Konsequenterweise können Mädchen und Frauen nach sexuellen Übergriffen durch Dritte keinerlei Unterstützung seitens der Familie erwarten. Vielmehr besteht die akute Gefahr, dass die Familie von dem Übergriff erfährt und die Frau umbringt, um die Familienehre „wieder reinzuwaschen", die durch den Verlust der Jungfräulichkeit „beschmutzt" wurde.

Iran

Ehrverbrechen sind nicht nur ein Phänomen, das in den ländlichen Gegenden des Iran auftritt. Die Zahl der Ehrenmorde wächst auch in den größeren Städten[38]. Offizielle Daten und Statistiken zum Ausmaß von Ehrverbrechen, insbesondere Ehrenmorden im Iran existieren zwar nicht, laut einem Bericht der Independant Researchers on Women's Rights aus dem Jahr 2004 gibt es jedoch zuverlässige Hinweise darauf, dass es in den westlichen und südwestlichen Provinzen, insbesondere Khuzestan und Elam, zu einer Vielzahl von Ehrenmorden gekommen ist.

Die Täter wurden zumeist lediglich zu einer kurzen Gefängnisstrafe verurteilt[39]. Die iranische Tageszeitung „Etemaad" meldete am 29. November 2008, dass ein hochrangiger Beamter der iranischen Polizei in einem Interview gesagt habe, dass es in den vergangenen sieben Monaten 50 Ehrenmorde gegeben habe[40]. Ob sich diese Angabe auf das gesamte Land bezog oder lediglich auf eine bestimmte Region, ist nicht bekannt. Allen Fällen ist gemein, dass die Mädchen und Frauen von männlichen Familienangehörigen getötet wurden, die in dem Verhalten der Frauen eine Gefahr für die Familienehre sahen. Teilweise war allein der Verdacht unkeuschen Verhaltens ausreichend, um den Tod des Mädchens zu beschließen.

Menschenrechtsanwälte machen geltend, dass die iranischen Gesetze ein Grund für die ansteigende Zahl der Ehrenmorde im Iran sind. Vielfach wird darauf hingewiesen, dass Gesetzesänderungen dahingehend, dass Täter von Ehrenmorden als

---

[37] Lattimer, Mark: Freedom lost. The Guardian, 13 December 2007.

[38] Iran Human Rights: A father killed his daughter in Isfahan – Another father buried his daughter alive in Tehran, 12. May 2008. URL: http://iranhr.net/spip.php?article343 (09.12.2008).

[39] U.S. Department of State: Country Report on Human Rights Practices – Iran, Bureau of Democracy, Human Rights, and Labor, Near East, 2007, released 11 March 2008. URL: www.state.gov/g/drl/rls/hrrpt/2007/100595.htm (24.01.2009).

[40] Iran Human Rights: 50 honor killings in the last 7 months in Iran, according to the Iranian official, 29. November 2008. URL: http://iranhr.net/spip.php?article803 (09.12.2008).

Mörder bestraft würden, zumindest zu einer geringeren Zahl von Ehrenmorden führen würden. Denn bisher sehen die iranischen Gesetze sogar Strafmilderungen für den Ehrenmörder vor. Laut Artikel 220 des iranischen Gesetzbuches führt zudem die Tötung eines Kindes durch seinen Vater oder den Großvater väterlicherseits nicht zu einer Anklage und Verurteilung wegen Mordes. Üblicherweise wird der Täter zu einigen Jahren Gefängnis verurteilt oder muss der Familie des Opfers Blutgeld zahlen (dabei ist für die Ermordung einer Frau nur halb so viel Blutgeld zu bezahlen wie für den Mord an einem Mann). Handelt es sich bei dem Mörder aber um den Vater oder Großvater und damit um das Familienoberhaupt, dann wird in der Regel von einer Bestrafung abgesehen[41].

Pakistan

Allein im Jahr 1994 wurden in Pakistan von den Behörden 1600 Ehrverbrechen registriert. Im Jahr 1999 wurden 364 Mädchen Opfer von Ehrverbrechen (vgl. Newel, 2000: 19f.). In den Jahren 1998 bis 2003 wurden 4101 Ehrverbrechen gemeldet, wobei dabei 2774 Frauen und 1327 Männer ihr Leben lassen mussten (vgl. Warraich, 2005: 79).

Die häufigste Ursache von Ehrverbrechen in Pakistan ist dabei die Untreue. Obwohl beide Beteiligten des Ehebruchs nach den moralischen Vorstellungen umgebracht werden sollen, sind 90 Prozent der Opfer Frauen. Männer würden seltener diesen Verbrechen zum Opfer fallen, weil sie durch eine Geldzahlung oftmals ihre Schuld wiedergutmachen könnten. Da die Frauen keine eigenen Besitztümer haben und finanziell von ihren Familien abhängig sind, steht für sie der Weg einer Entschädigungszahlung häufig nicht offen. Es ist zwar üblich, dass ein betrogener Ehemann als Entschädigung Geld von dem Liebhaber seiner Frau erhält, aber seine Frau trotzdem wegen Untreue umgebracht wird. Bei diesen Ehrverbrechen ist in den meisten Fällen der Ehemann der untreuen Frau der Täter. Tradition ist es auch, junge Mädchen zwischen 12 und 13 Jahren zu töten, wenn sie sich weigern, einen älteren Mann zu heiraten[42].

---

[41] Iran Human Rights: A father strangled his 14 years old daughter because of her suspicious behaviour, 02. November 2008. URL: http://www.iranhr.net/spip.php?article735 (10.12.2008).

[42] Siehe Khan, 2005: Honour Killings. URL: www.usconsulate-istanbul.org.tr/reppub/vawo/tkhan.html (02.06.2006).

Jordanien

Über die Situation in Jordanien mutmaßt Hosseini, dass ein Drittel der Tötungsdelikte Ehrverbrechen sind (vgl. Hosseini, 2005: 36f.). Gemäß Goodwins Angaben ist in Jordanien eines von vier Verbrechen ein Ehrverbrechen. Jordanien habe von allen Ländern, die er bezüglich der Ehrverbrechen untersuchte, die höchste Rate von Ehrverbrechen (vgl. Goodwin, 2003: 236f.). Häufigste Ursachen von Ehrverbrechen sind in Jordanien die Untreue während der Ehe oder eine außereheliche Beziehung. Ähnlich wie in anderen islamischen Ländern ist die Jungfräulichkeit vor der Ehe für die jordanischen Frauen zwingend (ebd.: 273).

Auch im jordanischen Strafgesetz werden Ehrverbrechen als ein minderes Vergehen und als ein durch das unrechte und gefährliche Handeln des Opfers gerechtfertiges Verhalten behandelt. Artikel 340 Strafgesetz sieht Straffreiheit für Täter von Ehrverbrechen vor. Wenn die Täter überhaupt eine Strafe bekommen, dann meist nur eine Gefängnisstrafe von elf bis zwölf Monaten. Bei Tötungen, die Untreue zum Motiv haben, erhalten die Täter nach § 340 Strafgesetz strafmildernde Umstände (vgl. Pervizat, 2005: 133). Wie in vielen anderen Ländern erhalten Vergewaltigungstäter nach § 308 Strafgesetz, die ihre Opfer heiraten, keine Strafe.

Palästina

Pervizat gibt an, dass es sich bei 70 Prozent der Verbrechen in Palästina um Ehrverbrechen handelt. Täter von Delikten der Ehre würden nach § 216b Strafgesetz strafmildernde Umstände geltend machen. Meist erhalten sie eine Gefängnisstrafe von zwei bis drei Monaten (Pervizat, 2005: 136f.). Ursache von Ehrverbrechen ist auch in Palästina meist eine vor- oder außereheliche Beziehung. Der Jungfräulichkeitstest während der Hochzeitsnacht ist der größte Test, den eine Frau in Palästina bestehen muss (vgl. Welchman/ Hosseini, 2005: 177).

Libanon

In den Jahren 1980 bis 2003 konnten 24 Fälle von Ehrverbrechen ausfindig gemacht werden. 75 Prozent der Opfer waren verheiratet. 44 Prozent von ihnen waren zwischen 20 und 24 Jahren alt. Die meisten Täter stammten aus der Familie des Opfers (vgl. Welchman/ Hosseini, 2005: 111f.).

Im libanesischen Strafrecht erhalten Täter von Ehrverbrechen nach § 562 Strafgesetz strafmildernde Umstände. Bei Affekttaten ist es auch möglich, keine Strafe zu bekommen. Artikel 562 libanesisches Strafgesetz lautet: „Whosoever surprises his spouse or one of his ascendants or descendants or his sister in an observed crime of adultery (flagrante delicto) or in a situation of unlawful intercourse and kills or injures one of them, without deliberation, shall benefit from the excuse of mitigation".

Synopse

Die Ausführungen zur Verbreitung von Ehrverbrechen in den islamischen Ländern zeigen, dass insbesondere Frauen Opfer von Ehrverbrechen werden. Die in den Strafgesetzen der Länder vorgesehen Strafen für Ehrverbrechen beweisen, dass die Täter eine hohe Toleranz erhalten. Als Gemeinsamkeiten der islamischen Länder, in denen Ehrverbrechen auftreten (einschließlich der Türkei), sind folgende drei Aspekte zu nennen:

- die patriarchalen Strukturen;
- die überdimensionale Stellung der Familie sowie
- die sozioökonomischen Missverhältnisse.

Wie erwähnt ist dies auf ein System von Normen und Werten zurückzuführen, das auf Ehre basiert, womit die kollektive Identität und das öffentliche Ansehen in einer Gemeinschaft konstruiert oder beibehalten werden. Da jene erwähnten Werte patriarchalischer Natur sind, werden letztendlich Frauen zu Opfern. Ehre erhält in patriarchalischen Gesellschaften also eine Bedeutungsverschiebung und darf nicht als ein positives Konzept missverstanden werden, denn es beruht auf dem eingeschränkten Verhalten der Frau, die sich unter dem Joch des Familienvaters und Ehemannes befindet. In diesem Zusammenhang wird Ehre zu einem Konzept, das es ermöglicht, gar den Mord an Frauen zu legitimieren. Wird die Ehre der Familie als verletzt wahrgenommen, so wird in verschiedensten Formen von Gewalt an Frauen der Ansehensverlust kompensiert. Natürlich ist das eine Verallgemeinerung, die selbstverständlich in dieser Arbeit unter Berücksichtigung des kulturellen und sozioökonomischen Umfeldes näher analysiert wird.

Im Folgenden wird nach der begrifflichen Klärung von Gewalt im Namen der Ehre auch die Bedeutung der Ehre thematisiert sowie auf die Rolle des sozialen Umfeldes und auf die geschlechtsspezifische Erziehung in der türkischen Gesellschaft eingegangen, um zu zeigen, wie sehr das Ehrprinzip das Leben der Männer, die im Namen der Ehre Gewalt ausgeübt haben, prägt.

2.1 Thematisierung von ehrbezogener Gewalt in deutschsprachigen Studien

Beim Versuch die „Gewalt im Namen der Ehre" erfassen zu können, ist es notwendig zu betrachten, was darunter genau zu verstehen ist. Die schwedische Organisation Kvinnoforum, die sich mit dem Phänomen intensiv auseinandersetzte und hierzu ein Handbuch herausgab, bedient sich folgender Begriffsbestimmung:

> „Honour related violence is a form of violence perpetrated predominantly by males against femals within the framework of collective based family structures, communities and societies where the main claim for the perpetuation of violence is the protection of a societal construction of honour as a value system, norm or tradition" (Kvinnoforum, 2005: 19).

Auch wenn andere AutorInnen anders mit dem Thema umgehen, sieht das EU-Projekt „Shehrazad-Combating Violence in the Name of Honour" dies ähnlich:

> „Gewalt im Namen der Ehre ist eine Form von Gewalt gegen Frauen und Mädchen, die im Rahmen von patriarchalen Familienstrukturen, Gemeinschaften und Gesellschaften stattfindet. Die Ausübung von Gewalt wird in der Regel mit dem Erhalt/der Wiederherstellung von Ehre gerechtfertigt. Ehre als Wertesystem, Norm oder Tradition ist dabei immer sozial konstruiert" (Terre des Femmes, 2005: 15).

Hierzu meint Sen (2005: 50):

*„In summary, crimes of honour are actions that remove from a collec-
tivity the stain of dishonour, both gendred and locally defined, througt
te use of emotional, social or physical coercion over a person whose
actual or imputed actions have brought that dishonour; physical force
may involve killing the transgressor of the code of honour".*

Diese Aussagen heben hervor, dass „Gewalt im Namen der Ehre" selbstverständlich nicht ohne ein Nachsinnen über den Ehrbegriff im Zentrum der Debatte stehen
soll, da sich die Täter von Gewaltverbrechen im Namen der auf das Ehrprinzip als
Rechtfertigung für ihre Tat berufen.

Spricht man von dem Begriff „Ehre", so ist zu berücksichtigen, dass in manchen Sprachen für das Wort verschiedene Ausdrücke bzw. zumindest mehrere
Bedeutungen existieren, die nicht das Gleiche meinen wie das Wort Ehre im Deutschen[43]. In Bezug auf Ehrverbrechen ist jedoch ausschließlich die traditionelle
Auffassung von Ehre relevant[44]. Dieser traditionellen Vorstellung entsprechend
wird bspw. auch im Italienischen zwischen mehreren Bedeutungen des Wortes
Ehre (*onore*) unterschieden. Im Arabischen wird sogar mit verschiedenen Lexe-
men zwischen *ird* und *sharaf* differenziert[45], und auch im Türkischen existiert die
Unterscheidung zwischen *namus* (Ehre) und *şeref* (Ehre, Ansehen). Da es sich in
dieser Arbeit um türkische Männer handelt, die im Namen der Ehre Gewalt ausgeübt haben, wird hier der türkische Ehrbegriff *namus* genauer analysiert.

Seinen etymologischen Ursprung hat das türkische *namus* im Griechischen
nomos, was soviel wie Ordnung bedeutet. Dieser Begriff, der ursprünglich im Sinne einer Ordnung Gesetze und Regeln umfasst, ist auch in anderen orientalischen
Sprachen bekannt, unter anderem im Persischen oder Kurdischen (*Namûs*). Um

---

[43] In Meyers Lexikon Online wird die Ehre zunächst mit Achtung gleichgesetzt, schließlich mit
sittlicher Würde und zuletzt mit gesellschaftlichem Ansehen. Es folgt jedoch auch der Hinweis:
„Die Ansichten darüber, was mit der Ehre verträglich oder durch sie gefordert sei, sind kulturell verschieden." Vgl. http://lexikon.meyers.de/wissen/Ehre+(Sachartikel) (10.11.2008).

[44] In dieser Arbeit muss eine vertiefende Betrachtung dieser Entwicklung zu einer Vielfalt von
Ehrvorstellungen vernachlässigt werden, obgleich deren Analyse durchaus interessant wäre.

[45] Die Vorstellungen von Ehre und nicht ehrenhaftem Verhalten im arabischen stimmen mit den
Vorstellungen der türkischen Kultur überein. Auch das Arabische besitzt zwei Ausdrücke; der
erste Begriff sharaf meint die Ehre im weiteren Sinn; der andere Terminus ird bezieht sich dagegen nur auf das sexuelle Verhalten. Es gibt noch einen anderen Begriff im Zusammenhang
mit Ehre aib, der sich als unanständig übersetzen lässt (vgl. Khayyat, 1990: 23).

die Bedeutung des Ehrbegriffs zu analysieren, zitiert Yirmibesoglu das türkische Wörterbuch:

> *„Namus (1) Bir toplum icinde ahlak kurallarina karsi beslenen baglilik (Ehre: die gesellschaftliche Verbundenheit gegenüber Sittlichkeitsregeln) (2) Dürüstlük, dogruluk (Ehrlichkeit, Angebrachtheit) (3) Sililik, iffet (Keuschheit, Reinheit)"* (Yirmibesoglu, 2005: 23 f.).

Demnach beinhaltet der Begriff Ehre im Türkischen drei voneinander untrennbare Werte, weshalb es von Bedeutung ist auf die türkischen Begriffe *saygi* (Achtung), *seref* (Ansehen) und *namus* (Ehre) näher einzugehen, um die Ehrvorstellungen der befragten türkischen Männer erkennen und in ihrem Zusammenwirken untersuchen zu können.

Der türkische Begriff *saygi* (Achtung) bezeichnet die „Anerkennung der Autorität" (Schiffauer, 1983: 67) innerhalb hierarchisch klar aufgebauter Familienstrukturen. Dabei manifestiert sich *Saygi* (Achtung) zum einen in spezifischen Verhaltensweisen, zum anderen aber auch in der Anrede. Ältere Personen können die jüngeren mit dem Namen ansprechen; jüngere Personen hingegen müssen, um ihre Ehrerbietung zu zeigen, z. B. ihre älteren Brüder mit „agabey" oder „abi", ihre älteren Schwestern mit „abla" anreden. Auch außerhalb der eigentlichen Blutverwandtschaft werden ältere Erwachsene mit Verwandtschaftsbezeichnungen wie „teyze" (Tante) bei Frauen und „amca" (Onkel) bei Männern angesprochen. Ältere Personen, seien sie verwandt oder nicht, mit dem Namen zu nennen, gilt als „terbiyesiz" (ungezogen) und „saygisiz" (respektlos). In den Verhaltensweisen zeigt sich Achtung, indem beispielsweise dem höher Gestellten nicht widersprochen wird, Söhne vor dem Vater nicht rauchen oder Töchter vor dem Vater nicht das Bein aufeinanderschlagen etc. (vgl. Kehl/ Pfluger, 1997: 22- 23). In dieser Hierarchie spielen die Familienkonstellationen eine große Rolle. In Groß- oder Kernfamilien bzw. in patrilinearen[46] Haushalten bildet in der Regel die familien-

---

[46] Für die Termini „patrilinear/ Patrilinie" verwenden einige Autoren synonym die Begriffe „agnatisch/Agnaten". Petersen (1985) definiert diese folgendermaßen: „Agnaten: Personen, die ausschließlich in männlicher Linie von denselben Ahnen abstammen. Die Filiation, mittels derer sie sich von diesen gemeinsamen Ahnen ableiten, wird agnatisch, patrilinear oder kurz Patrifiliation genannt"(Petersen, 1985: 68). In dieser Arbeit werden konsequent nur die Termini patrilinear/ Patrilinie verwendet.

älteste männliche Person das Oberhaupt, also der Vater oder Großvater oder auch der ältere Bruder. Einem Familienoberhaupt müssen alle Mitglieder des Familien-kollektivs in jeder Hinsicht und uneingeschränkt Respekt (*saygi*) und Ehrerbietung (*hürmet*) erweisen. Prinzipiell sind die männlichen Mitglieder den weiblichen übergeordnet.

Neben dem hierarchischen Konzept des Wertesystems der Ehrerbietung (*hür-met*) und des Respekts (*saygi*) besteht innerhalb des Kollektivs ein weiteres zent-rales Wertesystem, dass sich im Unterschied zu *saygi* (Achtung) nicht auf inner-familiäre Autoritätsbeziehungen, sondern auf gesellschaftlichen Hierarchien zwischen einzelnen Familien beruht (vgl. Kehl/ Pfluger, 1997: 24). *Seref* (Anse-hen) stellt dabei einen Rang für Dienste an der Gesellschaft dar, den man benötigt, um in die gesellschaftlich anerkannte Stellung einer wegen bestimmter Vorzüge geschätzten Respektperson aufzusteigen (vgl. Yalcin-Heckmann, 1993: 144 f.). Jeder Mann kann durch sein Verhalten, z.B. durch seine Großzügigkeit, seinen Mut, seine Stärke sowohl sein Ansehen als auch sein Prestige im Kollektiv erhö-hen, dieses jedoch ebenso durch ein geiziges, ängstliches und schwaches Verhalten verringern oder auch verlieren (vgl. Küper/ Bagöl, 1992: 59). Nach Kehl kann *seref* (Ansehen) auch als eine Form der persönlichen Würde verstanden werden. Mit diesem Verständnis von *seref* (Ansehen) gehen dann Erwartungen einher, die sich für Mann und Frau unterschiedlich gestalten: Ein Mann, der freundlich und hilfsbereit anderen gegenübertritt und ihnen nichts Böses will, gilt als *serefli* (an-gesehen) (vgl. Matter, 1992b: 95- 96). Die *seref* (Ansehen) der Frau ist wiederum stark an ihre Ehre (*namus*) geknüpft. Hält sie sich an die damit verbundenen Re-geln, führt den Haushalt gut und spricht nicht schlecht über andere, so gilt auch sie als *serefli* (angesehen).

Eng verknüpft mit Ehrerbietung (*saygi*) und Ansehen (*seref*) ist das wesentlich stärker auf Sexualität und damit zwangsweise auf Reinheit ausgerichtete Konzept der *namus* (sexuellen Ehre). *Namus* (Ehre) legt dabei die geschlechtsspezifische Rolle von Männlichkeit und Weiblichkeit fest, wobei die Männlichkeit für Stärke, Macht und „Aggressivität" und die Weiblichkeit für physische und psychische Schwäche, Scham, Ohnmacht, Keuschheit und sexuelle Treue steht. Demnach bedeutet *namus* (Ehre) abhängig vom Geschlecht für den Mann und für die Frau etwas komplett unterschiedliches:

Die Ehre der unverheirateten weiblichen Person wird definiert durch ihre absolute sexuelle Enthaltsamkeit bzw. durch ihre Virginität sowie durch das Konzept von Scham (vgl. Kuzkaya, 2001: 129), weshalb es für die Ehre einer jungen Frau sehr wichtig ist, unberührt in die Ehe zu gehen. Als Beweismittel für die Ehre einer Frau gilt der Blutfleck auf dem Bettlaken, der durch die Entjungferung in der Hochzeitsnacht verursacht wird, was eben die Jungfräulichkeit der Braut bestätigt. In den östlichen Regionen der Türkei wird das blutbefleckte Bettlaken auch als *Ehrenrose* bezeichnet und nach der Hochzeitsnacht öffentlich sichtbar stolz vor die Tür des Hauses gehängt[47]. Streng genommen gilt diese sexuelle Enthaltsamkeit und das Schamkonzept ebenso für verheiratete weibliche Personen, mit dem einzigen Unterschied, dass weibliche Heterosexualität ausschließlich in der Ehe ausgeübt werden darf. Aber auch im Rahmen der Ehe unterliegt die weibliche Heterosexualität ganz bestimmten gesellschaftlich definierten Beschränkungen.

Die Ehre der Männer, ob verheiratet oder unverheiratet, wird unter anderem durch ihre Rolle definiert, in der sie verpflichtet werden, die sexuelle Enthaltsamkeit aller unverheirateten Familienmitglieder sowie die sexuelle Treue der Ehefrauen der Patrilinie aufrecht zu erhalten. So definiert auch Schiffauer die Ehre des Mannes und seiner Verwandten über die sexuelle Integrität der Frauen in der Familie, insbesondere über ihre sexuelle Enthaltsamkeit (Schiffauer, 1987: 91f.). Die Ehre der zukünftigen Ehefrau und ihrer Familie könne nur dann bewahrt werden, wenn sie jungfräulich in die Ehe ginge. Die Ehre des Mannes sei aber auch bei der Überschreitung der Grenzen seines Besitzes, der Felder und des Hauses sowie bei verbalen oder physischen Angriffen auf Angehörige seiner agnatischen Gruppe in Gefahr. Teilweise wird Ehre aber auch sprachlich mit Frau bzw. Frauen seiner Patrilinie, v.a. aber mit der Ehefrau, gleichgesetzt, denn in einem ganz bestimmten Kontext bedeutet das Wort „*namusum*" sowohl meine Ehre, als auch meine Frau (vgl. Kuzkaya, 2001: 130). Während die an die Frau gewiesene Ehre vom Verhalten zum anderen Geschlecht abhängig ist, zeigt sich das Ehrgefühl der Männer von ihren Handlungen innerhalb des eigenen Geschlechts geprägt (vgl. Petersen, 1988: 27).

---

[47] In den Großstätten der Türkei gilt diese Sitte meist als überholt und auch nicht als zuverlässiger Beweis, da die verursachte Blutung variabel ist und auch ganz ausbleiben kann. Unter Umständen suchen unverheiratete Frauen freiwillig einen Jinekologen zur Attestierung ihrer Jungfräulichkeit auf, um den sozialen Druck durch Gerüchte zu entgehen.

Nach der Auffassung der traditionellen türkischen Gesellschaft stellt die auf Sexualität und Reinheit beruhende *namus* (Ehre) ein abstraktes Gut dar, das man von Geburt an in sich trägt (vgl. Die Ehre der türkischen Kultur, 1988: 9). Da dieses Gut zugleich als der höchste Wert betrachtet wird, muss es stets bewahrt werden. Die Beaufsichtigung der Ehre übernehmen dabei die männlichen Verwandten (meist der Vater, Bruder und der Ehemann), weil die Frau als ein schwaches Wesen angesehen wird, welches sich nicht gegen die feindliche Umwelt außerhalb der Familie wehren oder durchsetzen kann. Zudem ist die Sexualität der Frauen in traditionell patriarchalen Ordnungen mit Angst besetzt und die Männer versuchen, jede Facette der weiblichen Sexualität fest unter Kontrolle zu halten, da oder trotzdem sie die reproduktiven Fähigkeiten der Frauen fürchten. Dieses Bild der Frau als „wandelnde Sexualität an sich" bestätigt auch die Abtrennung, Verschleierung und Verhüllung der Frau, die diesem Aspekt eben vorbeugen soll. Die Ehre eines Mannes gilt beschmutzt, wenn jemand von außen einen Angehörigen der Familie, womöglich eine der Frauen, belästigt oder angreift. Der Mann soll sich gesellschaftlich dafür verantworten, wenn die Tochter sich nicht der Konvention gemäß kleidet; sich im Umgang mit Männern unehrenhaft verhält; wenn er von seiner Frau betrogen wird; aber auch, wenn er andere schwere persönliche Beleidigungen ohne eine Reaktion hinnehmen muss. Bei der Verletzung der Ehre drohen dem Mann und seiner Familie Grenzverletzungen und Provokationen (vgl. Schiffauer, 1987: 46f.). Folglich muss ihre weibliche Ehre stets bewacht und kontrolliert werden (vgl. Giordano, 1992: 346f.), da der Verlust der Ehre ein Verlust des männlichen Prestiges sowie der männlichen Identität ist (vgl. Herzfeld, 1985: 343f.).

Der Erhalt der Ehre und das Männlichkeitsideal sind eng miteinander verknüpft, denn es fällt in das Aufgabenfeld des Vaters, Ehemannes oder Bruders, das Ansehen einer Familie innerhalb einer Gemeinschaft zu bewahren. Männer sind demnach die einzigen Verteidiger und Besitzer der *namus* (Ehre), weshalb man die Ehre als ein männliches Attribut bezeichnen kann. Während sich das Ansehen (*seref*) ebenfalls stärker auf das männliche als das weibliche Geschlecht bezieht, richtet sich die auf Sexualität und Reinheit bezogene Ehre immer auf die Frau. Entspricht die Tochter, Ehefrau oder Schwester nicht dem gesellschaftlichen Ehrenkodex, so ist es Aufgabe des Mannes, durch verschiedene Formen von Gewalt die Ehre wiederherzustellen. Während Männer als *paterfamilias* die weiblichen Familienmitglieder beschützen und zur Aufrechterhaltung der Familienehre verpflichtet sind, haben Frauen ihre mütterlichen Verpflichtungen und die Erwartungen einer guten Ehefrau und Hausfrau zu erfüllen. Frauen wird demnach die Verantwortung zugeschrieben, die Ehre einer Gruppe bzw. der Familie zu wahren, wodurch sie zu Trägerinnen der Ehre einer Gemeinschaft werden (Welchman/ Hossain, 2005: 5).

Wie diese Differenzierung von Ehre verdeutlicht, handelt es sich bei dem Begriff Ehre um ein komplexes Phänomen, wobei Ehre abhängig vom Geschlecht unterschiedlich zu sehen ist, jedoch miteinander einhergehen. Gleichzeitig zeigt sich aber, dass nur „das Zusammenspiel von namus, seref und saygi, das heißt die Erfüllung der von ihnen geforderten Verhaltensweisen durch die Handlungsträger unter Berücksichtigung ihrer jeweiligen Position (Geschlecht und Alter), [.] eine angesehene türkische Familie aus[macht]" (vgl. Matter, 1992b: 96).

Entsprechend kann eine Familie nicht nur dann ihr Ansehen (*seref*) in ihrem jeweiligen sozialen Umfeld, wenn die einzelnen Familienmitglieder keinen Respekt gegenüber den älteren und den männlichen Familienmitgliedern zeigen, sondern erst recht dann, wenn ihre Frauen als ehrlos ins Gerede gekommen sind, weil die Ehre zu den wichtigsten Werten der türkischen Gesellschaft gehört und zugleich ein zentraler Wert innerhalb der Familie und den innerfamiliären Autoritätsbeziehungen ist.

Auf Basis dieser Ausführungen zum Verständnis von Ehre und deren Bedingungen sowie bzgl. des Verlusts von Ehre können folgende Verhaltensweisen von Frauen als Ehrverletzung und damit als Gewaltmotive für die Männer gesehen werden[48]:

---

[48] Auch Amnesty International hat die Gründe aufgelistet, die als Verletzung der Familienehre gelten können. Eine Frau kann die Ehre der Familie demnach verletzen:
- indem sie sich nicht nach dem traditionellen Frauenbild entsprechend keusch und zurückhaltend verhält,
- wenn sie eine außereheliche Beziehung zu einem Mann führt,
- wenn sie sich weigert, den von der Familie ausgesuchten Mann zu heiraten,
- wenn es sich in der Hochzeitsnacht herausstellt, dass sie nicht Jungfrau ist,
- wenn sie sicht nicht den entsprechenden Kleidungsvorschriften unterordnet,
- wenn sie vergewaltigt wird, da sie dies durch ihre Weiblichkeit wohl möglich provoziert hat,
- wenn sie sich von dem Ehemann, der sie vielleicht misshandelt, scheiden lassen will,
- wenn sie außerehelich Schwanger wird etc.
Siehe Amnesty International (1988): Frauen in Aktion – Frauen in Gefahr. Bonn: Fischer.

- Scheidungs- oder Trennungswunsch;
- neuer Partner;
- erwiesene Untreue oder Verdacht auf Untreue;
- Eine voreheliche Beziehung der Frau;
- Nachrede über eine angebliche Beziehung;
- Außereheliche Schwangerschaft der Frau;
- Flucht der Frau aus dem Elternhaus;
- Verlust der Jungfräulichkeit vor der Heirat;
- Freizügige Kleidung der Frau;
- Brautentführung;
- Beleidigung der Familienehre;
- Vergewaltigung;
- Heiraten ohne die Zustimmung der Familie.

Diese aufgeführten Verhaltensweisen können im Weiteren gemäß den Angabe von Yirmibesoglu entsprechend dem Status der Frau in folgende Kategorien zugeordnet werden (vgl. Yirmibesoglu, 2005: 277):

1. Bei unverheirateten Mädchen: Klatsch wegen zuviel Weggehen, Lebens- und Kleidungsweise nach westlichen Standards, eine voreheliche Beziehung, Flüchten zum Liebhaber, keine Blutung in der Hochzeitsnacht, eine uneheliche Schwangerschaft oder Opfer einer Vergewaltigung.
2. Bei verheirateten Frauen: sich nicht nach dem Willen des Mannes zu richten, Scheidungswunsch, soziale Nachrede, eine uneheliche Beziehung, Flucht zum Liebhaber, Verdacht auf Untreue oder Verweigerung der Versöhnung mit dem Ex- Mann.

Die Einhaltung der tradierten Regeln und das äußere Verhalten der Person ist maßgeblich (vgl. Baumeister, 2007: 46f.). Es stellt sich nun die Frage, ob hier von einem Ehrenkodex aller Türken zu sprechen ist, weshalb im Folgenden eine Auseinandersetzung mit der Bedeutung der Ehre in der türkischen Gesellschaft folgt.

2.2 Die Bedeutung der Ehre in der türkischen Gesellschaft

Analog des differenzierten Begriffsverständnisses von Ehre bedeutet Ehre nicht nur für Männer und Frauen etwas unterschiedliches; gleichzeitig wird deutlich, dass dies einen Spielraum für Interpretationen lässt und sich demnach auch die Ehrvorstellungen aller in der Türkei lebenden Personen teilweise stark unterschieden können, da es sich bei der Türkei um einen multiethnischen und -religiösen Staat handelt. Dies belegt eine UN- Studie aus dem Jahre 2003, welche darauf hinweißt, dass nicht von einer homogenen türkischen Bevölkerung ausgegangen werden kann. Nach Angaben der türkischen Regierung leben in der Türkei folgende Volksgruppen: 75 Prozent Türken, ca. 20 Prozent Kurden, 2 Prozent Zaza, 2 Prozent Araber, 1 Prozent Albaner, 0,5 Prozent Tscherkessen, 0,5 Prozent Georgier sowie diverse andere ethnische Gruppen und Nationalitäten (vgl. Ethnien in der Türkei, 2005). Die Türkei ist gleichzeitig ein Aus- und Einwanderungsland, denn einerseits emigrierten aus dem Balkan, dem Nahen Osten, Griechenland, Iran, Zentralasien, der Krim usw. nach dem Fall des Eisernen Vorhangs viele Einwanderer in die türkische Republik, andererseits wandern viele Türken ins Ausland bspw. Deutschland ab..

Den Ergebnissen der UN-Studie zufolge kann der Ehrbegriff unter der in der Türkei lebenden Bevölkerung als dynamisch betrachtet werden, da die Meinungen der Befragten[49] zum Thema Ehre stark variierten: Von der Ehrvorstellung, die der Vorstellung einer Gewissensmoral gleicht, bis hin zur traditionellen Ehrvorstellung im Sinne von *namus* (vgl. United Nations Development Programme, 2003: 10- 11). Laut einer Studie des Instituts für Frauenrechte, dem so genannten Rapport über Ehrverbrechen „Namus Cinayetleri Raporu", der im Auftrag des United Nations Population Found – UNFPA (Bevölkerungsfonds der Vereinten Nationen) von Agduk und Kardam im Jahre 2005 veröffentlich wurde, setzen die 195 Befragten aus Istanbul, Adana, Batman und Sanliurfa welche aus ruralen Gebieten stammten oder erst vor Kurzem aus ihrem Heimatdorf in die Städte emigriert waren, die Ehre der Frauen mit der eigenen Ehre gleich und sehen einen direkten Zusammenhang zwischen der Treue ihrer Frauen und ihrer eigenen Ehre.

Anhand der den Justizbehörden in der Türkei bekannt gewordenen Verbrechen im Namen der Ehre wird geschlussfolgert, dass die meisten von ihnen in ländli-

---

[49] Befragt wurden verschiedene Personen, Experten und NGO-Vertreter aus den Städten Istanbul, Sanliurfa und Batman. Insgesamt wurden 195 Interviews in diesen drei Städten geführt. Es wurden 38 Interviews mit NGOs geführt, 71 Experteninterviews und 86 mit Personen, die in verschiedenen Bezirken der genannten Städte wohnten. Siehe United Nations Development Programme, 2003.

chen Gegenden im Osten und Südosten der Türkei sowie in Mittelanatolien und im östlichen Teil der Schwarzmeerküste begangen werden (vgl. Internationales Zentrum für Menschenrechte der Kurden, 2003: 17). Auch wenn die Mehrheit der Täter von Ehrverbrechen in Großstädten leben und dies mehrheitlich bereits in zweiter Generation, ist ihre Herkunft doch ruralen Ursprungs (vgl. Yirmibesoglu, 2006; Farac, 2006). Wenngleich sich insbesondere die städtische Bevölkerung aufgrund der Modernisierung zunehmend vom traditionellen Wertesystem löst, so behält das Ehrprinzip seine ursprüngliche Bedeutung in der ländlichen Bevölkerung, auch wenn diese in Großstädte emigrierten, nach wie vor bei.

Die UN- Studie demonstriert, dass Personen aus ländlichen Gegenden mit sehr engen Familienbeziehungen, deren Freundeskreis und Bekanntschaften in Folge von städtischer Migration sich nicht änderte und in deren Leben die Familie und Gemeinschaft die wichtigste Rolle spielen, der Ehre eine große Wichtigkeit zubilligen. Warum aber spielt gerade für diese Personengruppe die Ehre eine derart wichtige Rolle?

Die Antwort auf diese Frage ist zum großen Teil im sozioökonomischen Status der Personen zu suchen. Der Osten und Südosten der Türkei sind ökonomisch schwache Gegenden, weshalb viele wegen Armut und auf der Suche nach Arbeit[50] in die Großstadt ziehen, wo sie aber auch meist in ärmlichen Verhältnissen leben. Aufgrund der Armut nehmen persönlich angeeignete und zugesprochene Werte wie eben die Ehre eine lebenswichtige Stellung im Alltag der Menschen ein. Die Ehre der Familie ist meist das Einzige, was deren Angehörige besitzen. Bei Wohlhabenden spielen Prestige und Besitztümer und nicht die Ehre eine zentrale Rolle. Über die Ehre identifiziert sich das Individuum als Mitglied der Gruppe, die ihm ihrerseits Status, Würde und Wert in den sozialen Beziehungen innerhalb und außerhalb der Gruppe verleiht.

In sozial schwachen Gruppen wird die Ehre somit zum wichtigsten Statussymbol. Auch wenn sie nicht finanziell abgesichert sind und keinen hohen Bildungsstand haben, ist es entscheidend, dass sie sich ehrenhaft in ihrem sozialen Umfeld behaupten können. Die Ehre ist die einzige Kapitalform, die ihnen das Überleben im sozialen Umfeld ermöglicht, was die Auffassung von Bourdieu, der die Ehre

---

[50] Auch meine Interviewpartner Yasin, Rifat und Murat zogen wegen der Suche nach Arbeit nach Konya. Siehe Darstellung der Interviewpartner Kapitel 4.3.

bei den Betroffenen von Ehrverbrechen als ihr wichtigstes soziales Kapital bezeichnet, bestätigt (vgl. Bourdieu, 1983: 183f.). Da ihnen soziale Aufstiegschancen durch Bildungs- und Karrieremöglichkeiten aufgrund sozioökonomischer Missstände versperrt bleiben, können sie sich nur über ihre Ehre definieren[51].

Als Verletzung der Ehre gilt, wenn eine Frau die ihrem Geschlecht auferlegten Regeln und Normen verletzt, beispielsweise wenn eine Frau eine außereheliche sexuelle Beziehung eingeht bzw. auch nur im Verdacht steht, dies getan zu haben. Von der Verletzung der Ehre ist die ganze Familie betroffen, vor allem die männlichen Verwandten, die als verantwortlich für den Schutz der Ehre gelten. Dementsprechend reagieren sie sehr extrem, wenn sie das Gefühl haben, dass ihre Ehre, was eben ihr wertvollstes Gut ist, durch ein unangemessenes Verhalten verletzt wird.

Des Weiteren sind Frauen in sozioökonomisch schlecht gestellten Familien besonders gegenüber Männern benachteiligt, da sie von der Familie abhängig sind und nur dann heiraten bzw. Respekt und Anerkennung in ihrem sozialen Umfeld genießen, wenn sie als ehrenhaft gelten. Farac berichtet von einer Studie über das Bildungsniveau der Stadtbewohner von Urfa, einer südanatolischen Stadt, die zu dem Ergebnis führte, dass 58 Prozent der Frauen und 42 Prozent der Männer Analphabeten waren (Farac, 2004: 71). Auch in Ilkaracans Cluster-Sampling-Studie, an der 599 Frauen zwischen 14 und 79 Jahren teilnahmen, gaben 45,8 Prozent die Grundschule und 5,8 Prozent das Gymnasium als die Schule an, die sie absolviert haben. 21,6 Prozent der Frauen waren Analphabeten (Ilkaracan, 2002: 48). Bei dieser hohen Analphabetisierungsrate bei Frauen spielen ökonomische Gründe eine wichtige Rolle, weil viele Eltern, die mehrere Kinder haben, das Geld fehlt und sie sich daher dafür entscheiden, bevorzugt ihre Söhne zur Schule zu schicken, da sie nach den traditionellen Rollenvorstellungen für den Erwerb des Familieneinkommens mitverantwortlich sind, während die Tätigkeit der Mädchen auf den häuslichen Bereich reduziert wird. Des Weiteren hängt dies auch mit der Angst der Eltern zusammen, dass ihre Töchter in der Schule mit Jungen in Kontakt kommen und deshalb ihre Ehre verletzt werden könnte. Die Familien reagieren deshalb sehr sensibel und überaus drastisch, wenn es um die Ehre ihrer Tochter geht, weil eine

---

[51] Dies ist auch bei meinen Interviewpartnern zu beobachten. Sie betonten, dass die Ehre das Wichtigste in ihrem Leben ist. Siehe Die Bedeutung der Ehre – Ehre zwischen Angriff und Verteidigung.

Verletzung der Ehre den Ruf aller Familienangehöriger des Familienmitglieds vermindern würde.

Hinzu kommt oftmals die falsche Interpretation islamischer Glaubenssätze, die wiederum zu einer extrem fundamentalistischen Religiosität führen kann. Ehrverbrechen sind eine vorislamische Praxis, die mit der Theologie des Islam nicht begründet werden kann. Sie sind charakteristisch für archaische, tribal organisierte Gesellschaften, vor allem im Mittleren Osten. Allerdings sind in islamisch geprägten Gesellschaften angestammte Ehrvorstellungen mit gesellschaftlich akzeptierten religiösen Werten eng verbunden, da der Koran und die Überlieferung für das sittsame Verhalten der Frau zahlreiche Vorschriften enthalten. Die Ursache für das gewissenlose Vorgehen bei Ehrverbrechen ist in vielen Fällen die falsche Religiosität, da in der islamischen Gesetzgebung Ehrverbrechen über keinerlei Rechtfertigung verfügen und nach den islamischen Vorstellungen in die Kategorie Gewalt oder Mord fällt, einer Tat, die laut der islamischen Rechtsprechung, der Sharia, als die größte Sünde[52] betrachtet wird. Vielmehr haben Frauen die gleichen Rechte auf eine gewaltfreie Erziehung, ein selbstbestimmtes Leben und die freie Entfaltung ihrer Persönlichkeit wie Jungen und Männer. Die Aussage des Koran, „Es gibt keinen Zwang im Glauben" (2: 256), erlaubt keine Ableitung von jeglicher Art von Zwang von der islamischen Lehre. Dennoch ist festzuhalten, dass es in der Türkei überlieferte islamische Vorstellungen über Frauen gibt, die so interpretiert werden können, dass sie diskriminierende Handlungen rechtfertigen. Insgesamt kann an dieser Stelle festgehalten werden, dass sich im Islam keine Legitimation für die Ausübung von Gewalt findet, weshalb Ehrvorstellungen grundlegend nicht islamisch religiös begründet werden können, wenngleich dies aufgrund eines unzureichenden Verständnisses des Koran bzw. mangelhafter Interpretationen dennoch häufig vorkommt, um eine Gewalttat im Namen der Ehre zu rechtfertigen.

---

[52] Wie in anderen Religionen zählt auch der Islam die Tötung eines Menschen zu den größten Sünden. Dieses Recht ist im Islam allein dem Allmächtigen vorbehalten. Im Koran ist demnach auch nicht schriftlich festgelegt, dass jemand über das Leben eines Menschen bestimmen und ihn im Namen der Ehre umbringen darf. In Sure 5:173 des Koran betont: „Wer einen Menschen tötet, so ist es, als hätte er die gesamte Menschheit getötet; und wer einem Menschen das Leben erhält, so ist es, als hätte er der gesamten Menschheit das Leben erhalten" (5:32). Es ist nach dem Koran keinem Muslim erlaubt, Selbstjustiz auszuüben oder über Leben und Tod zu entscheiden. Der Koran erlaubt bei Mord Vergeltung durch die Todesstrafe, dennoch steht es den Muslimen frei, den Täter zu Schadenersatz zu verpflichten und von Vergeltung abzusehen.

Auch die Traditionen sind Leitsätze für traditionell geltende türkische Familien. Sie richten sich nach dem, was als vorgegeben und kulturell fundiert gilt, weshalb das Ehrprinzip eine überdimensionale Stellung in ihrem Leben einnimmt. Ehrverbrechen finden demnach vor allem in unterentwickelten Gebieten mit sozioökonomischen Problemen einen Nährboden (vgl. Yirmibesoglu, 2005: 275f.). Insbesondere die schlechte finanzielle Situation der Familien zwingt sie, an alten Traditionen festzuhalten und ständig in Angst davor zu leben, dass die Ehre eines Familienmitglieds durch irgendein Verhalten bedroht werden könnte. In diesem Zusammenhang ist der türkische Staat zu kritisieren, weil die staatlichen Organisationen diese unterentwickelten Gebiete nicht erreicht hat. Die ökonomischen Bedingungen, die Religiosität und die schlechte Bildung der Menschen hat dazu geführt, dass sich alte Wertvorstellungen im Zuge der Modernisierung noch nicht geändert haben. Scheint diese Ehre gefährdet oder gilt sie als verloren, wird der Einsatz von Gewalt zur Wiedererlangung der Ehre als gerechtfertigt angesehen. Die Ausführung einer so begründeten Gewalt obliegt, wie schon erwähnt, männlichen Familienmitgliedern, worauf im Folgenden eingegangen wird, um insbesondere zu zeigen, wie groß und stark der gesellschaftliche Druck auf die Männer dieser Gesellschaft ist.

2.3   Die Wiederherstellung der Ehre und der Einfluss der Gesellschaft

Aufgrund der sozialen Struktur in den von Ehrverbrechen betroffenen Ländern werden Ehrverletzungen vom sozialen Umfeld der Betroffenen sehr stark sanktioniert. Deshalb sollte die Problematik ehrbezogener Gewalt nicht als eine individuelle Angelegenheit, sondern auch als ein Phänomen mit kollektivem Charakter betrachtet werden. Da die Familien des Täters und des Opfers von dem Ausmaß der Ehrverletzung und deren Wiederherstellung betroffen sind und sogar oft am Entscheidungsprozess vor der Tat aktiv beteiligt sind, ist der kollektive Aspekt der Ehrverbrechen von zentraler Bedeutung.

Wegen des engen gesellschaftlichen Zusammenlebens und des hohen Stellenwerts der sozialen Kontrolle ist es für die männlichen türkischen Familienmitglieder der sozial schwachen und dörflichen Herkunft kaum möglich, sich nach einer

Ehrverletzung in ihrem sozialen Umfeld weiterhin zu behaupten (vgl. Schiffauer, 1983; Petersen, 1985; Kürsat, 2002).

Den vielen Ehrverbrechen folgenden Konsequenzen einer sozialen Diskriminierung im sozialen Umfeld bekräftigt viele Täter in ihrer Sichtweise, dass sie nur durch eine Wiederherstellung der Ehre weiterhin sozial lebensfähig sein können. Der Verlust oder die Beschädigung des sozialen Ansehens oder Rufes machen die Täter angreifbar. Viele der Männer, die im Namen der Ehre Gewalt ausgeübt haben, berichten, dass sie in ihrem Umfeld regelrecht zu der Tat motiviert wurden:

So sagte ein Palästinenser zur der Ermordung seiner Schwester: „Ich musste sie töten. Mein Wunsch bei ihrer Tötung war, dass die Leute endlich mit dem Gerede aufhören sollten. Sie warfen mir vor, dass ich sie zu unzüchtigem Verhalten ermutigte..." (Feldner, 2000: 41). Auch Tamer Gök, der in Sanliurfa/Türkei seine Cousine Sevda Gök tötete, äußerte sich ähnlich: „Diejenige, die ich am 26.2.1996 um 16 Uhr erstochen habe, war meine vom mir sehr geliebte Verwandte Sevda Gök. Sie war mehrmals abgehauen und hatte unsere Ehre immer wieder beschmutzt. Ich hörte, dass sich meine Verwandten im Haus von Sevdas Eltern trafen, um die Sache zu besprechen. Viele Leute auf der Straße ignorierten und missachteten uns. Viele Freunde vom mir sagten zu mir, ich sollte zuerst unsere Ehre bereinigen, bevor ich mich überhaupt auf die Straße trauen dürfte". Der Vater Sevda Göks kommentierte das Verbrechen so: „Wir haben über die Situation meiner Tochter zu Hause diskutiert. Viele sagten zu mir, ich solle meiner Aufgabe als Vater bewusst sein. Ich musste etwas machen. Alle übten Druck auf mich aus" (vgl. Farac, 2004: 71).

Wie bereits mehrfach angesprochen betont auch Pervizat die Problematik der Folgen einer Ehrverletzung im Sinne einer sozialen Diskriminierung der in ihrer Ehre verletzten Familie (Pervizat, 2005: 150f.). In dieser Periode erfahren die Familienangehörigen emotionale, physische und ökonomische Gewalt. Ihr Umfeld boykottiert sie im geschäftlichen Leben, sie werden von ihrem Umfeld nicht einmal auf der Straße begrüßt und des Weiteren von allen sozialen Aktivitäten ausgeschlossen. Dies ist insbesondere im Hinblick auf die engen sozialen und gemeinschaftlichen Kontakte in dörflichen Gegenden von großem Nachteil (vgl. Pervizat, 2005: 59f.). Wenn die Männer zu ihrem Stammcafe gehen, werden sie meist nicht bedient und keiner unterhält sich mit ihnen. Die als unehrenhaft geltende Familie wird von der Gemeinschaft als ein schwaches Glied wahrgenommen, das nicht entsprechend den Traditionen und Regeln der Gemeinschaft reagiert hat. Deshalb fühlen sich insbesondere die männlichen Familienangehörigen als „Beschützer der Ehre", weil sie die soziale Diskriminierung am deutlichsten in ihrem Umfeld spüren. Viele Familien und Täter beschreiben in zahlreichen Interviews, dass sie sich vor der Tat in der Öffentlichkeit blamiert fühlten und von ihrem Umfeld sozial diskriminiert wurden. Sie wären oft mit diesen Fragen konfrontiert worden: „Habt ihr eure Hure immer noch nicht bestraft?" oder „Geh und bereinige deine Ehre, erst dann kannst du mit mir sprechen wie ein Mann" (vgl. Yirmibesoglu, 2005: 86).

Familienmitglieder werden nicht im sozialen Umfeld respektiert und genießen nicht mehr den Schutz, den sie als ehrenhafte Mitglieder der Gemeinschaft vorher genossen haben. Als Beispiel werden alle weiblichen Familienmitglieder der Person, deren Ehre als beschmutzt gilt, ebenso als unehrenhaft empfunden. Im Zuge dessen konnten sie jeder Zeit von anderen belästigt und schlecht behandelt werden, da sie nicht mehr den Schutz und Respekt der Gemeinschaft genießen. Farac berichtet in diesem Kontext von Vergewaltigungen an den weiblichen Mitgliedern der als unehrenhaft geltenden Familien (vgl. Farac, 2004: 45f.). Genauso könne es vorkommen, dass die weiblichen als auch die männlichen Familienmitglieder schlechte Chancen auf Eheschließungen hätten, weil der Ruf ihrer Familie geschädigt ist. Ergil spricht in diesem Zusammenhang von „sozialen Tod von ehrlosen Männern" (Ergil, 1980: 132). Die Wurzeln ehrbezogener Gewalt liegen bei der ruralen Bevölkerung, die von der Landwirtschaft leben. Angehörige der höheren Schichten sind von Ehrverbrechen nicht so häufig betroffen, weil sich ihr soziales Kapital nicht auf die Ehre beschränkt.

Der Grundsatz unbedingter Solidarität innerhalb der Familie ist somit entscheidend. Diese unbedingte Solidarität bedingt, dass die Familie die Konsequenzen der Ehrverletzung gemeinsam trägt und sich von einer Ehrverletzung kollektiv betroffen zeigt (vgl. Baumeister, 2007: 25f.).

Verteidigt ein Vater, Ehemann oder Bruder die Familienehre nicht und die Schmach eines Übergriffs auf die Familie von außen bleibt für jeden sichtbar ungesühnt, wird ein solcher Mann nun seinerseits als schwach, unmännlich und ehrlos beurteilt werden, weshalb Herzfeld den Verlust der Ehre des Mannes mit dem Verlust seines sozialen Prestiges, der männlichen Identität und der Maskulinität gleichsetzt (Herzfeld, 1985: 343f.).

Auch die soziale wie physische Existenzbedrohung im Fall der Nichtwiederherstellung der Ehre ist ein wichtiger Motivationsfaktor für die Täter, denn er könnte seinen Besitz oder seine wirtschaftliche Existenz verloren, obwohl er von der Gemeinschaft oder der Familie abhängig ist. Es ist üblich, dass die betroffenen Familien bei ihren Erwerbstätigkeiten bewusst diskriminiert werden und großen wirtschaftlichen Schaden davon tragen. Betroffene Familien berichten davon, dass ihre Geschäfte von ehemaligen Kunden nicht mehr aufgesucht wurden und dass sie infolge der wirtschaftlichen Verluste ihre Geschäfte schließen mussten (vgl. Yirmibesoglu, 2004: 24f.). Von der Nachbarschaftshilfe, die insbesondere in ländlichen Gebieten im Zuge der sozioökonomischen Missstände sehr wichtig ist, können die betroffenen Familien in der Mehrheit nicht mehr profitieren und sind im Alltag auf sich allein gestellt. Der Täter wird daher schon beim Aufkommen eines Gerüchts drastisch und für jeden sichtbar handeln, seiner Tochter, Schwester oder Frau Grenzen setzen (sie einsperren), sie herabsetzen (misshandeln) oder sogar im schlimmsten Fall töten, um seine Stärke und Macht öffentlich unter Beweis zu stellen. Andernfalls gilt er seinerseits als ehrlos und wird verspottet. Hier ist der Öffentlichkeitscharakter der Ehre sehr entscheidend, da die Ehre nicht nur angestrebt, sondern auch öffentlich in der Gemeinschaft ausgelebt werden muss (vgl. Vogt/ Zingerle, 1994: 16).

In diesem Kontext ist auch auf die Statusunterschiede zwischen den einzelnen Schichten hinzuweisen. Die Folgen einer Ehrverletzung sind bei sozial schwachen Familien größer und dramatischer Natur als bei Angehörigen der sozial besser gestellten Schichten. Wohlhabende haben ihr Prestige und ihren Besitz, weshalb es keiner wagen wird, das Verhalten der Tochter oder der Frau infrage zu stellen. Neben solchen sozialen Faktoren prägen aber auch geografische Bedingungen das Verhalten des Individuums bzgl. einer Reaktion auf eine Ehrverletzung. So kann ein Vater oder Ehemann in Anatolien quasi durchdrehen, wenn schlecht über die Frau oder Tochter gesprochen wird, wohingegen er, würde er in Istanbul leben, anders reagieren würde. Die Menschen im Südostanatolien werden von der Gesellschaft mehr unter Druck gesetzt. Auch nach Tezcan treten Ehrverbrechen häufiger in unteren sozialen Schichten auf und sind daher ein Phänomen der Unterschicht, da sie dort vom sozialen Umfeld toleriert und sogar gefordert werden. Die engen Verwandtschaftsbeziehungen in der dörflichen Bevölkerung begünstigen die Gewalt und stehen im Widerspruch zur Modernisierung, die eher durch Individualität gekennzeichnet ist. Dass Ehrverbrechen auch in Städten auftreten, erklärt Tezcan damit, dass die Migranten aus den Dörfern ihr Wertesystem in Städten als ein Parallelsystem zu der städtischen Kultur befolgen (vgl. Tezcan, 2000: 21).

Ergil vertritt eine ähnliche Ansicht, dass Ehrverbrechen überwiegend in Regionen mit dörflicher Bevölkerung anzutreffen sind und durch die besonderen Gegebenheiten in diesen Regionen verursacht werden. Da die rurale Bevölkerungsgruppe aufgrund ihrer finanziellen Möglichkeiten Einschränkungen hinnehmen muss, sind als Ausgleich die innerfamiliären Beziehungen von enormer Bedeutung. Die Unterentwicklung der dörflichen Gebiete hat zudem dazu beigetragen, dass sich moderne gesellschaftliche Regeln nicht etablieren konnten. Auch ist die moderne Arbeitsteilung zwischen Mann und Frau nicht in diese Gebiete vorgedrungen. Dadurch beruht die Aufgabenverteilung weiterhin auf traditionellen Maßstäben und stärkt so die Identifizierung mit den traditionellen Rollenmustern (vgl. Ergil, 1999: 187).

Die Möglichkeiten zur Wiederherstellung der Ehre sind vielfältig und werden im Zusammenhang des jeweiligen Einzelfalls entschieden. So kann ein junges Mädchen – auch wenn sie vergewaltigt wurde – verheiratet werden, eine Frau von ihrem Ehemann geschieden oder dazu gebracht werden, sich mit ihrem Liebhaber nicht mehr zu treffen. In sehr ausweglosen Situationen, in denen es unmöglich scheint, die Ehrverletzung vor dem sozialen Umfeld geheimzuhalten, wie z.B. bei einer unehelichen Schwangerschaft, bei der eine Problemlösung durch eine schnelle Verheiratung oder auch Abtreibung nicht vollzogen werden kann, bleibt meist nur der Mord. Dieser wird dann von einem männlichen Familienmitglied ausgeführt. Mit der Tat gilt die Familienehre als wiederhergestellt.

Stellt sich bei der Hochzeitsnacht heraus, dass die Frau keine Jungfrau mehr ist, so kann, wenn sich das Paar nicht gemeinsam einigt, darüber zu schweigen, der Mann die Scheidung einreichen (König, 1989: 278). Die Frau hat aber auch in einem solchen Fall schlimmstenfalls den Tod zu befürchten. Sollte eine Frau durch den Verlust ihrer Jungfräulichkeit noch vor der Ehe die Familienehre verletzt haben, heißt dies nicht zwangsläufig, dass sie getötet werden muss. Wesentlich ist vielmehr, inwieweit diese Ehrverletzung publik geworden ist (Matter, 1992b: 96). Das Ausmaß des öffentlichen Wissens über die Angelegenheit entscheidet, ob ein Ehrverbrechen stattfinden wird bzw. muss oder nicht. Je mehr Leute darüber Bescheid wissen, umso wahrscheinlicher ist ein Verbrechen. Van Eck beschreibt diesen Zusammenhang wie folgt:

> *„Public opinion weighs very heavily. If the matter is not yet known, the family will usually want to settle it behind closed doors- and they can achieve this by arranging a marriage. If that is not possible, or if too many people know about it, the family's honour is much more stake"* (Van Eck, 2003: 185).

Folglich würden die meisten Verbrechen nach einer öffentlichen Anschuldigung des Täters stattfinden.

Ist die Ehrverletzung noch nicht öffentlich bekannt geworden, kann noch nach anderen Möglichkeiten gesucht werden. Eine Möglichkeit wäre die Heirat (auch bei einer Vergewaltigung). In erster Linie wendet man sich an den Mann, der dies verschuldet hat. Falls dieser sich jedoch weigert, das Mädchen oder die Frau zu heiraten, kommt es auf seinen sozialen Status an (vgl. United Nations Development Programme, 2003: 30), was weiter geschieht: Ist er sozial nicht wesentlich höher gestellt, trifft man Vereinbarungen über Geldzahlungen, anderen Gabentausch oder „Brauttausch". Das bedeutet, dass eine Frau der Familie des Mannes an einen Mann der entehrten Familie der Frau verheiratet wird. Ist der Mann allerdings sozial wesentlich höher gestellt, verzichtet man, wissend um die Unterlegenheit der eigenen Familie, auf derartige Regelungen. Hier käme noch in Betracht, die entehrte Frau an einen Fremden zu verheiraten, der meist alt ist und sich die Frau möglicherweise als eine unter mehreren Ehefrauen des Mannes wiederfindet (vgl. United Nations Development Programme, 2003: 38).

Es konnte gezeigt werden, dass es mehrere Möglichkeiten zur Wiederherstellung der Ehre gibt. Insgesamt wurde jedoch deutlich, dass auch hier die uneingeschränkte Solidarität innerhalb der Familie gilt, die mit vereinter Kraft versucht, die Ehrverletzung mit verschiedenen Mitteln geheimzuhalten und zu lösen.

Schließlich stellt sich aber noch die Frage, warum bspw. bei einem Vergewaltigungsfall die Ehre der Familie der Frau verletzt wird und der Täter, der durch diese Tat Schande über die Familie der Frau gebracht hat, nicht zur Rechenschaft gezogen wird. Nach Zehetgruber kann dies wiederum ökonomisch begründet werden, wonach die Arbeitskraft des Mannes nur schwer zu ersetzen ist, sodass es einfacher, verlustärmer und zweckmäßiger erscheint, die Frau, selbst wenn sie ein

Vergewaltigungsopfer ist, für die als Rechtfertigung sicher angenommene Provokation[53], die zur ehrenrührigen Tat geführt hat, zu bestrafen (vgl. Zehetgruber, 2007: 8-9). Dadurch kommt einmal mehr die Anschauung vom unterschiedlichen Wert der Geschlechter klar zum Ausdruck, deren Ursache in den Traditionen, den patriarchalen Familienstrukturen, den geringen Bildungschancen, dem traditionellen Rollenverständnis und in der ökonomischen Abhängigkeit wurzelt.

Zusammenfassend kann festgehalten werden, dass die Ehre ein Instrument der sozialen Differenzierung und ein geschlechtsspezifisches Phänomen darstellt, welches von bestimmten Handlungen bestimmt wird und deshalb auch durch bestimmte Handlungen, die spezifisch die Ehre der Person betreffen, verliehen oder abgesprochen werden kann. Deshalb beinhaltet der erbitterte Wettbewerb um Ehre und die Verteidigung der Ehre bei Bevölkerungsschichten mit geringem sozioökonomischen Status die außerordentliche Angst vor sozialer Degradierung, die in Abhängigkeit ihres Ausmaßes zu einer damit verbundenen zunehmenden Isolation und Ausgrenzung führen kann, wodurch eine Ehrverletzung zur Tötung führen kann. Dabei bedeutet eine Ehrverletzung für Familien mit niedrigem sozioökonomischen Status einen größeren Schaden, da sie außer ihre Ehre kaum etwas vorzuweisen haben und ein Verlust dieser demnach quasi einem Existenzverlust gleichkommen würde, als für Familien mit mehr Ansehen, da diese wiederum über Besitz und Prestige verfügen und damit auch immer über ein gewisses Maß an Ehre (vgl. Van Eck, 2003: 199).

Im Hinblick auf die Ursachen ehrbezogener Gewalt können diese auf folgende vier Determinanten zurückgeführt werden:

1. die Betrachtung der Ehre als Lebensmaxime und die Orientierung an Traditionen;
2. die patriarchalen Beziehungen innerhalb der Familie infolge des Machtungleichgewichts der Geschlechter und der Kontrolle der Männer über Frauen;
3. die sozioökonomischen Bedingungen;
4. der Erwartungsdruck des sozialen Umfeldes, der insbesondere in sozial schwachen Gebieten durch soziale und wirtschaftliche Diskriminierung der Betroffenen zum Ausdruck kommt.

---

[53] Siehe Böhmeche in Terre des Femmes e.V. Tatmotiv 10.

2.4 Die Rolle der geschlechtsspezifischen Erziehung

Um zu zeigen, dass das Ehrprinzip schon in früher Kindheit während der Erziehung vermittelt wird, damit diese verinnerlicht werden, ist es sinnvoll auf die geschlechtsspezifische Sozialisation der Jungen und Mädchen in traditionellen türkischen Familien einzugehen, da Ehre hierin einen wichtigen Platz einnimmt. Damit die Vorstellung eines zusammenhaltenden und nach außen hin stark (er)scheinenden Familienkollektivs funktionieren und auch über Generationen hinweg Bestand haben kann, werden die Kinder relativ früh mit dem Ehrkonzept vertraut gemacht. Dies hat konsequenterweise auch Auswirkungen auf das Verhalten der Jungen und Mädchen in den folgenden Jahren. Das bezieht sich sowohl auf ihre Beziehungen untereinander als auch auf die Wahl des späteren Ehepartners, die Einstellung zur Familie im Allgemeinen, zum anderen Geschlecht im Besonderen und wiederum auch auf die Erziehungsmethoden und die so vermittelten Werte an die eigenen Kinder.

In der traditionellen Erziehungsweise wird dementsprechend schon sehr früh, manchmal bereits ab der Geburt des Kindes, in der Erziehung stark zwischen Junge und Mädchen unterschieden. Während bei der Geburt des Mädchens Stillschweigen gewahrt wird, bedeutet die Geburt eines Jungen nicht als die Geburt eines Sohnes verstanden, sondern die Geburt eines Mannes (vgl. Lubig, 1997: 40).

Ein türkisches Sprichwort „Erkek adamin erkek oglu olur" (Ein richtiger Mann bekommt einen Mann als Sohn) verdeutlicht dies. Das hängt damit zusammen, dass von dem Sohn erwartet wird, dass er den Fortbestand der Familie gewährleistet, die Eltern im Alter versorgt, Haus und Hof übernimmt, das Erbe bewahrt und die Ehre des Hauses schützt; alles Aufgaben, die an die Rolle eines Sohnes geknüpft sind und nach traditionellen Wertvorstellungen eine Tochter nicht erfüllen kann (vgl. Straube, 1985: 119; Toprak, 2004: 28- 29), weshalb die Jungen „mit dem Selbstverständnis aufwachsen, etwas Besonderes zu sein" (Straube, 2002: 201). Mädchen hingegen haben die Verantwortung für Haushalt und Geschwisterversorgung zu tragen, was ebenso kennzeichnend für diese Art der Erziehung ist.

Während sich die Jugendphase in westlichen Gesellschaften durch Merkmale wie beispielsweise Loslösung vom Elternhaus, Hinwendung zu Gleichaltrigen, Aufnahme des Kontakts zum anderen Geschlecht, erste emotionale und sexuelle Erlebnisse und die Entwicklung des Wunsches nach Beruf und Ausbildung auszeichnet, kommen diese bei türkischen Jugendlichen kaum auf. Petersen betont in diesem Kontext, dass männliche Jugendliche auch bei der Erziehung viele Vorteile gegenüber ihren Schwestern genießen. Männliche Jugendliche werden als „heißblütig" (*delikanli*) und als unerfahren (*cahil*) bezeichnet. Diese Ausdrücke sind zudem eine Entschuldigung für ihr oft impulsives Fehlverhalten in manchen Situationen (vgl. Petersen, 1988: 27).

Während die Mädchen ausschließlich auf den häuslichen Bereich beschränkt leben, bereits verhältnismäßig früh der Mutter helfen und sich um jüngere Geschwister kümmern, genießen die Jungen mehr Freiheiten und helfen später dem Vater. Eine besondere Rolle kommt dabei der älteren Schwester (*büyük abla*) zu, die oft der Mutter zur Hand geht, wohingegen für die nachfolgenden Schwestern die Rollenerwartung vorerst nicht derart stringent ist, da die Mädchen den von der Mutter aufgetragenen Aufgaben noch ausweichen können, weil diese von den älteren Schwestern übernommen werden, solange ältere Schwestern mit im Haushalt leben. Dies ändert sich, wenn die älteren Schwestern heiraten und die altersmäßig nächstfolgende zur älteren Schwester (*büyük abla*) der jüngeren Geschwister wird und so fort. Dieses nach dem Alter chronologische Nachrücken der Schwestern in die Rolle der großen Schwester gilt in adäquater Form aber nicht für den Jungen, weil es dem traditionellen Rollenverständnis widerspricht im Haushalt zu helfen. Männer oder auch Jungen sind nicht für häusliche Tätigkeiten zuständig.

Die Erziehung der Mädchen erfolgt hin zu einem scham- und ehrhaften Verhalten. Da dem Jungen die Pflicht vermittelt wird, für den Schutz der Familie bzw. der Schwestern verantwortlich zu sein, verlassen die Mädchen den geschützten Raum des Inneren nicht ohne männliche Begleitung, auch wenn es nur der kleine Bruder ist (vgl. Straube, 2002: 201). Besonders ältere Brüder können zur „Überwachung" der Schwestern und bei Fehlverhalten möglicherweise zu deren Bestrafung, unter Umständen auch mittels körperlicher Gewalt, angehalten werden (vgl. Schiffauer, 1989: 24).

Diese Form der Gewaltausübung von Brüdern an ihren Schwestern wird auch in einer von Stobl und Lobermeier durchgeführten Zwangsverheiratunsstudie aus dem Jahre 2007. In dieser berichteten 26 der 100 befragten Mädchen im qualitativen Teil dieser Studie von Gewalt seitens ihrer Brüder: „In der Zeit, in der meine Mutter weg war, war mein großer Bruder der Mann im Haus. Wenn wir etwas falsch gemacht haben, wie z. B. lügen oder zu spät nach Hause kommen, wurden wir entweder geschlagen oder hatten tagelang Hausarrest" (Stobl/ Lobermeier, 2007: 35).

Die unterschiedliche Erziehung der Geschlechter und das Hofieren der starken Jungen hat seine Ursache in patriarchalen Gesellschaftsstrukturen und in der unterschiedlichen Bedeutung der Ehre zwischen Mann und Frau: Während die Mädchen mit der Hochzeit den Haushalt verlassen, gelten die Jungen als künftige finanzielle Absicherung der Eltern[54]. Zudem sieht man in ihnen den Schutz der Familie nach außen, unabhängig davon, ob sie im elterlichen Haus wohnen oder nicht. Sie gelten als die Verteidiger der Familie nach Außen, die das Innere bzw. die Ehre beschützen und so das Fortbestehen der Familie sichern. Umgekehrt legt sie auch die Unterordnung der Frau fest, welche sich durch ihre weibliche Ehre bzw. ihre Scham manifestiert.

Festzuhalten gilt, dass ein normatives geschlechtsspezifisches Rollenverständnis herrscht. Jedem Geschlecht werden in der Familie bestimmte Rollen zugewiesen, die von diesem verinnerlicht und durch dessen soziales Verhalten eingehalten werden müssen, da bestimmte Abweichungen von diesen Rollen je nach Ausmaß und Stärke zur Verletzung oder Beschmutzung der Ehre führen können.

---

[54] Eine Untersuchung von Nauck aus dem Jahre 2000, in der deutsche, italienische, griechische, vietnamesische und türkische Eltern in Deutschland nach dem Wert der Kinder befragt werden, stellt fest, dass insbesondere bei türkischen Eltern- im Gegensatz zu anderen Nationalitäten- die ökonomisch- utilitaristischen Werte am höchsten sind. Siehe Nauck, Bernard: Eltern- Kind- Beziehungen in Migrantenfamilien- ein Vergleich zwischen griechischen, italienischen, türkischen und vietnamesischen Familien in Deutschland. In: Sachverständigenkommission 6. Familienbericht (Hrsg.): Familien ausländischer Herkunft in Deutschland, Bd. 1, Opladen 2000.

3. Erklärungsversuche von Gewalt im Namen der Ehre

Um den theoretischen Hintergrund patriarchaler Beziehungen innerhalb der Familie infolge des Machtungleichgewichts der Geschlechter und der Kontrolle der Männer über die Frauen in der türkischen Kultur zu erklären, ist es meines Erachtens sinnvoll geschlechtersoziologische Theorien heranzuziehen, weil diese die Geschlechterverhältnisse und insbesondere die Geschlechterungleichheit in den jeweiligen Gesellschaften und Kulturen untersuchen.

Bei der Geschlechterungleichheit und der Analyse der Patriarchie wird insbesondere auf die theoretischen Perspektiven des Radikalfeminismus, des marxistischen Feminismus und der Klassenanalyse eingegangen. Diese theoretischen Perspektiven liefern wertvolle Informationen über die Ursachen der Unterdrückung von Frauen und auch über die Gewalttätigkeit der Männer gegenüber Frauen. Da sie sich aber nur auf die Beziehungen zwischen den Geschlechtern beschränken und nur auf den Bereich der patriarchalen Beziehungen und der traditionellen Rollenverteilung angewendet werden können, wird die Betrachtung der Ehre als Lebensmaxime und die Orientierung an Traditionen, welche wichtige Ursachen für ehrbezogene Gewalt sind, durch kriminalsoziologische Theorien erklärt.

Die Neutralisationstheorie von Sykes und Matza liefert wichtige Erklärungen darüber, warum geltende Normen und Wertvorstellungen für Männer, die im Namen der Ehre Gewalt ausgeübt haben, zum Tatzeitpunkt nicht befolgt werden. Auch Katz' Theorie über „Righteous Slaughter" macht wichtige Aussagen darüber, warum diese den Ehrenkodex als Lebensmaxime betrachten und ihre Tat damit rechtfertigen.

3.1 Geschlechtersoziologische Erklärungen

Die Geschlechterordnung wird insbesondere von feministischen Autoren als ungleich empfunden, weil sie Unterscheidungen trifft in der Verteilung von Ressourcen, Machtdispositionen und Chancen zwischen den Geschlechtern. Dies ist insbesondere in den ländlichen Regionen der Fall. Die Ansätze der feministi-

48

schen Geschlechtersoziologie sehen die Unterdrückung der Frauen als system-bedingt an und nennen dieses System „Patriarchat". Viele türkische Autoren wie Pervizat oder Yirmibesoglu vertreten die These, dass die patriarchalen Familien-strukturen eine der wichtigsten Ursachen für das Auftreten der Ehrverbrechen sind. Auch englische Autoren wie Walby oder Millet stimmen dieser These zu, als sie die Patriarchie als eine Unterdrückungsform der Frauen betrachten, die bis hin zur Gefährdung ihres Lebens führen kann.

Nach Walbys Angaben gibt es sechs wichtige Aspekte, die das System der Patriarchie ausmachen und als „a system of social strukturales and practices in which men dominate, oppress and exploit women" definiert werden kann: Be-zahlte Arbeit, Hausarbeit, Sexualität, Kultur, Gewalt und Staat. Die Beziehungen zwischen diesen Aspekten würden dabei verschiedene Formen der Patriarchie be-gründen (Walby, 1990: 16). Sie misst den patriarchalen Produktionsbeziehungen eine große Bedeutung bei und unterscheidet zwei Formen: Die private und die öffentliche Patriarchie. Die private Patriarchie ist mehr auf den häuslichen Bereich wie Familie oder Sexualität beschränkt, während sich die öffentliche Patriarchie durch die Ausbeutung der Frauen durch gesellschaftliche und staatliche Institutio-nen äußert.

Die Radikalfeministinnen gehen hingegen von einer grundsätzlichen Gleichheit der Geschlechter aus. Sie begründen die Geschlechterungleichheit mit männlichen dominierenden gesellschaftlichen Machtstrukturen und der Sozialisation der Ge-schlechter nach traditionellen Vorstellungen und geben die männliche Gewalt als die Hauptursache für Patriarchie, was sie als Kontrollinstrument für die Erhaltung der Geschlechterungleichheit ansehen. Bei diesem Ansatz ist die Verbindung zwi-schen der Patriarchie und der unterdrückten Sexualität der Frauen besonders aus-geprägt (vgl. Walby, 1990: 6f.).

Beim marxistischen Feminismus wird die Geschlechterungleichheit als eine Konsequenz aus der kapitalistischen Produktionsweise betrachtet. Die Ausbeutung der Klassen wird mit der Ausbeutung der Frauen durch die Männer gleichgesetzt. Dieser Ansatz sieht die kapitalistische Produktionsweise als die Ursache sexueller Unterdrückung. Es wird hervorgehoben, dass die weibliche Sexualität von den Männern verwaltet wird (vgl. Benard/ Schlaffer, 1995: 25). Nach ihrer Auffassung ist die sexuelle Entrechtung der Frau ein zentraler Pfeiler ihrer gesellschaftlichen Unterordnung. Der Nachteil dieser Sichtweise ist aber, dass sie sich auf kapitalistische Gesellschaften bezieht, weshalb Walby diesem Ansatz nur bedingt zustimmt, da die patriarchalen Beziehungen auch in nicht-kapitalistischen Gesellschaften wie z.B. in Ländern der dritten Welt vorkommen und sie sich nicht ausschließlich als Folge des Kapitalismus erklären lassen können. Nach Goldthorpe, Vertreter der Klassenanalyse, bildet die Familie die Basis der sozialen Ungleichheit und Stratifikation, da die Frauen von den männlichen Mitgliedern in ihrer Familie unterdrückt werden.

Auch nach Messerschmidt (1986) sind kapitalistische Gesellschaften patriarchalisch strukturiert und benachteiligen Frauen doppelt. Da sie meist in den häuslichen Bereich gedrängt werden, haben sie deutlich weniger Gelegenheit als Männer für gewalttätige Handlungen. Sie werden zur Zielscheibe von gewalttätigen Handlungen der Männer. Diese doppelte Benachteiligung trifft auch auf die Frauen zu, die in Gebieten leben, in denen Ehrverbrechen häufig vorkommen. Auch ihr Leben und ihre Arbeit beschränkt sich auf den häuslichen Bereich. Zudem sind es überwiegend Frauen, die Opfer von Ehrverbrechen werden.

Die autonomen Feministinnen jedoch betrachten die Unterdrückung der Frauen unabhängig von jeglichen politisch bedingten Faktoren und sehen sie als einen gesellschaftlichen Widerspruch an.

Da meist Frauen und Kinder bei der Gewaltanwendung im familiären Bereich als wehrlos gegenüber den Ehemännern und Vätern gelten, die wegen der vorherrschenden patriarchalen Strukturen als das Familienoberhaupt gelten, stellt sich die Frage, wie diese Gewalt zu erklären ist.

Die Stresstheorien sind in vielen Bereichen auf die Ehrverbrechen übertragbar. Diese Theorien nehmen an, dass gewalttätiges Verhalten durch bestimmte Formen von psychischen Belastungen ausgelöst werden, die unterschiedlichen Ursprungs sein können. Je mehr Ereignisse oder Situationen die Familie belasten, umso mehr kommt es zu gewalttätigen Handlungen. Die Unterschichtfamilien, aus denen die meisten Opfer und Täter der Ehrverbrechen stammen, sind aufgrund ihrer meist desolaten wirtschaftlichen und sozialen Lage dem Stress ganz besonders ausgesetzt. Gelles (1971) hat in diesem Zusammenhang einen mehrfaktoriellen sozialpsychologischen Erklärungsansatz entwickelt, bei dem der Stress neben psychopathologischen und sozialen Faktoren wie die soziale Stellung der Eltern, die Schichtzugehörigkeit sowie Wert- und Normhaltungen und Gewalterfahrungen einbezogen werden. Wenn die Beteiligten in eine unerwartete Situation geraten, so

erhöht sich die Wahrscheinlichkeit für gewalttätiges Verhalten. Gemäß Gelles'
Theorie sind folgende Faktoren Stress- und somit Gewaltfördernd: Niedriges Einkommen, geringe Bildung, Arbeitslosigkeit, enge Wohnverhältnisse, Alkoholkon-
sum sowie geringe Zukunftsperspektiven (Gelles, 1971: 29). Diese von Gelles
aufgeführten Stress- und Gewaltfördernden Faktoren treffen gleichermaßen auf die
Männer zu, die im Namen der Ehre Gewalt ausgeübt haben.

Weiterhin erklärt Gelles (1987) die Gewalt gegenüber Frauen mit der so ge-
nannten „Ressource-Exchange-Theorie". Demnach ist die Gewalt innerhalb der
Familie ein Problem des sozialen Systems. Der Mann schlägt dann seine Frau,
wenn er seinen Status innerhalb der Familie als gefährdet ansieht. Das gewalttätige
Verhalten der Männer wird auch auf ihre Erziehung zurückgeführt (vgl. Gage/
Berliner 1996: 230). Während die Mädchen für ihre Mutter- und Hausfrauenrolle
erzogen werden, werden die Männer mit der Gewalt zwischen den Gleichaltrigen
konfrontiert. Bei dieser Konfrontation würden sie feststellen, dass Gewalt ein geeignetes Mittel ist, um bestimmte Ziele durchzusetzen und zu legitimieren.

Für Brownmiller, Vertreterin des Radikalfeminismus, ist die männliche Gewalt
die Basis der Kontrolle der Männer über Frauen. Für sie ist bspw. Auch eine Vergewaltigung als Instrument zur Kontrolle der weiblichen Sexualität einzuordnen
(Brownmiller, 1996: 136).

Nach Yildirim, eine Vertreterin des Feminismus, schlagen Männer ihre Frauen,
um sich überlegen zu fühlen und um ihre Kraft zu demonstrieren. Demnach ist die
Gewalttätigkeit der Männer als ein Ausdruck der patriarchalen Herrschaftsverhält-
nisse zu verstehen (Yildirim, 1998: 29f.).

Bei der Gewalttätigkeit der Männer gegenüber Frauen zeigt sich somit, dass die
Demonstration von Macht, Stärke und Maskulinität des Mannes eine zentrale Rolle spielen. In der Theorie Kerstens, der die Beziehung zwischen gewalttätigem
Verhalten und den kulturellen Konstrukten der Männlichkeit untersuchte, wird
darauf aufmerksam gemacht, dass man bei männlichen Tätern sehr oft Hinweise
auf Maskulinitätsbesessenheit sowie Probleme im sozialen Umfeld, in Familie und
Schule finde.[55] Maskulinitätsbesessenheit ist oft das Resultat von geschlechtsspe-

---

[55] Kersten betont, dass in allen Industrieländern Männer in Kriminalitäts- und Viktimisierungsda-
ten häufiger vertreten sind als Frauen und interpretiert diese Formen männlich dominierter Ab-
weichung und Kontrolle als „sozial und historisch eingebettete Bewerkstelligungen von Ge-
schlechterzugehörigkeit" (Kersten, 1997: 47f.).

zifischen Haltungen, die den Männern seit ihrer Kindheit eingeprägt worden sind. Zu diesen Grundhaltungen zählt Kersten: Betonung und Zurschaustellung von Kampfbereitschaft, Hinnahme von Verletzungen und Narben, Todesverachtung, Betonung heterosexueller Potenz, Verachtung des Weiblichen, Legitimation von gewalttätigem Verhalten, Achtung normativer Werthaltungen wie Ehre oder Kameradschaft, Besitzansprüche und Beschützerhaltungen in Bezug auf weibliche Familienangehörige oder Partner (vgl. Kersten, 1991: 53). Hervorzuheben ist, dass die Erniedrigung der Opfer während der Tat gleichzeitig dem Täter einen Zuwachs an maskuliner Bestätigung bringt, auch in einer Situation sozialer und kultureller Benachteiligung[56]. Gewalttätiges Verhalten wird dann als Ressource für die Demonstration von Maskulinität in Anspruch genommen, wenn andere Ressourcen nicht zur Verfügung stehen (vgl. Messerschmidt, 1986: 5).

Diese Erkenntnis trifft auch auf Männer zu, die im Namen der Gewalt ausgeübt haben, da sie aufgrund fehlender sozialer und beruflicher Aufstiegschancen ihren Status vorwiegend über ihre Maskulinität und ihre Beziehung zu den weiblichen Angehörigen definieren.

3.2   Kriminalsoziologische Erklärungen

Die Bedeutung der Werte für den Täter nach Katz Theorie „Righteous Slaughter"

Katz verfasste die Theorie „Righteous Slaughter", welche die Bedeutung der Werte, an die der Täter glaubt und durch die er seine Tat rechtfertigt, hervorhebt. Katz ordnet Emotionen wie Demütigung anderer, Rechthaberei, Arroganz, Lächerlichkeit, Zynismus, Rache und Selbstgerechtigkeit den devianten Akten zu.

Während der devianten Situation hat der Täter das Gefühl, sich dieser Lage nicht entziehen zu können, ohne gewalttätig zu werden. Der Täter hat die so genannte „self-righteous attitude", welche ihm das Gefühl gibt, dass seine Handlung

---

[56] Auch die Untersuchung Topraks belegen eindeutig, dass bei gewalttätigen türkischen Jugendlichen, die keine Schul- und Berufsausbildung haben, ausgeprägte Männlichkeit, bezogen auf Solidarität und Loyalität innerhalb des Freundeskreises, und bedingungslose Verteidigung der weiblichen Familienmitglieder rigide gehandhabt werden und eine zentrale Rolle in ihrem Lebenskonzept spielen. Siehe Toprak, A. „Ich bin eigentlich nicht aggressiv!". Theorie und Praxis eines Anti- Aggressions- Kurses mit türkischstämmigen Jugendlichen, Freiburg i. B. 2001.

legitim ist und nicht gegen geltende Normen verstößt (Katz, 1988: 5f.). In diesem Kontext sieht Katz als auf dieser Motivation beruhende Mordart z.B. das Töten eines Ehepartners wegen dessen Untreue. Die Tat erscheint in den Augen des Täters gerecht, da sie zum Schutz der heiligen Institution der Ehe vollzogen wird.

Der Täter beschützt die eigenen moralischen und persönlichen Werte, weil er sich während der Tat oder davor moralisch angegriffen fühlt. Diese Erkenntnis trifft auch auf ehrbezogene Gewalttaten zu, da Täter ihre Tat mit dem Ehrprinzip legitimieren. Die Täter empfinden das Verhalten des Opfers als Angriff auf ihre Moral und haben deshalb das Gefühl, dass sie nur durch Gewalt ihre verletzte Ehre wiederherstellen oder die moralischen Werte ihres sozialen Umfelds und des sozialen Systems und der eigenen Person schützen können (Katz, 1988: 19).

Wichtig ist hier auch, dass die Täter das veränderte Verhalten ihrer Opfer, zu denen sie eine persönliche Beziehung haben, nicht mehr tolerieren können. Katz betont, dass insbesondere dann, wenn die Tat in der Öffentlichkeit geschieht, die Täter das Gefühl hätten, dass sie der Situation nicht entfliehen könnten, ohne gewalttätig zu werden. Diese These trifft ebenso auf ehrbezogene Gewalttaten zu, da sich die Täter meist nach dem Bekanntgeben der Ehrverletzung im Zugzwang sehen (vgl. Pervizat, 2005: 56f.).

Die Verbrechen, auf die sich Katz bezieht, finden dabei meist zu Hause oder in einem anderen privaten Rahmen statt. Der Täter will nicht mehr vorheucheln, dass alles in Ordnung ist und dass das Opfer mit seinem für ihn nicht mehr tolerablen Verhalten weiterkommt. Seine persönlich empfundene moralische Überlegenheit gegenüber dem Opfer manifestiert er durch den physischen Angriff auf das Opfer (Katz, 1988: 23f.).

Die Demütigung, die der Täter durch das Verhalten des Opfers empfindet, kann dazu führen, dass er die Kontrolle verliert und daher zur Gewalttat schreitet, denn die Verletzung oder der Verlust seines sozialen Prestiges hätte das Stigma des Ehrverlusts. Weil diese Bereiche außerhalb der Kontrolle des Individuums liegen, wolle es durch sein Verhalten zeigen, dass es was dagegen tun kann. Als Demütigung empfindet das Individuum seine Angst, durch andere kontrolliert zu werden und schafft es demnach nicht, mit der Demütigung fertig zu werden (vgl. Katz, 1988: 43).

Die Bezeichnung „Righteous Slaughter" und im Allgemeinen die Theorie von Katz trifft auch auf die Männer zu, die angeben, Gewalt im Namen der Ehre ausgeübt zu haben. Sie interpretieren Ehrverletzungen und das Verhalten der Personen, die dies verursacht haben, als Beleidigung ihrer moralischen Werte, weshalb sie ihr gewalttätiges Handeln als Eintreten für moralische Werte und daher als gerechtfertigt empfinden.

Zusammenfassend ist festzuhalten, dass die Theorie von Katz wichtige Informationen für die überdimensionale Stellung des Ehrprinzips sowie über die Motive der Männer, die im Namen der Ehre Gewalt ausgeübt haben, wiedergeben.

Neutralisationstheorie von Sykes und Matza

Die zweite Theorie, welche für diese Arbeit zentral ist, stellt die Neutralization Theory of Delinquency von Sykes und Matza (1957) dar, die als theoretische Basis zur Erklärung und Vorhersage von normwidrigem Verhalten herbeigezogen werden kann. Sie entstand aus dem Bedürfnis, jugendliche Delinquenz zu erklären und setzt sich mit Tätermotiven auseinander, die das Verbrechen in den Augen der Täter rechtfertigen bzw. neutralisieren.

Sykes und Matza (1957) stellen in ihrer Theorie die Behauptung auf, dass deviantes Verhalten lediglich durch den Gebrauch von „Neutralisationen"[57] und nicht durch die Normakzeptanz eines Individuums vorhergesagt werden kann. Mit diesem Argument distanzieren sie sich von dem Ansatz delinquenter Subkulturen (Cohen, 1955), welches abweichendes Verhalten mit der Existenz von devianten Subkulturen in Verbindung bringt.

Sykes und Matza gehen von einem gesellschaftlichen Normsystem aus, das im Prinzip von allen Mitgliedern der Gesellschaft anerkannt wird. Sie weisen daher ausdrücklich darauf hin, dass Täter Schuld und Scham empfinden, wenn sie gesellschaftliche Normen brechen oder bereits wenn sie das auch nur planen. Schuld und Scham bergen die Gefahr eines negativen Selbstbildes und verhindern dadurch viele Taten bereits im Vorfeld. Denn im Falle einer Tatverübung muss das Individuum entweder einen Weg finden, seine Handlungen vernunftmäßig zu erklären oder die damit verbundene Schuld zu neutralisieren.

---

[57] Neutralisationen sind als Schutzschild des Selbstbildes zu verstehen.

Sykes und Matza kommen daher zu folgendem Schluss: „Much delinquency is based on what is essentially an unrecognized extension of defences to crimes, in the form of justifications for deviance that are seen as valid by the delinquents but not by the legal system or society at large" (Sykes/ Matza, 1957: 666). Dadurch könne ein Täter zeitweise moralische Grenzen überschreiten und sein Selbstbild schützen. Auch wenn sich das Individuum darüber bewusst ist, dass seine Handlungen nicht richtig sind, kann es diese zumindest als moralisch akzeptabel interpretieren, das heißt, dass die Neutralisierung ihm die Begehung von Straftaten ohne Reue- und Schuldgefühle und vor allem ohne Beschädigung der eigenen Identität ermöglicht. Es handelt sich dabei um Momente, die als Unrechtsausschluss- oder Entschuldigungsgründe beschrieben werden.

Sykes und Matza unterscheiden in diesem Sinne fünf verschiedene Techniken von Rechtfertigungen, die auf Gewalttaten im Namen der Ehre zutreffen:

- **„The Denial of Responsibility"**
Diese Neutralisierungstechnik beschreibt den Sachverhalt, dass der Täter sich einen Mangel an Verantwortlichkeit für die Tat zuschreibt und sich somit wiederum vor Selbstbeschuldigung und Ablehnung durch Andere schützt. Die Ablehnung der Verantwortung geht viel weiter als der Versuch, deviantes Verhalten als Unfall, Folge persönlicher Unzurechnungsfähigkeit oder anderer Ursachen darzustellen.

Delinquente Akte können zudem übergeordneten Verantwortungsträgern oder dem Schicksal angelastet werden, z.B. dem sozialen Umfeld. Der Täter erfährt sich als machtloses Individuum, welches Situationen erleidet. Sykes und Matza (1957) merken weiterhin an, dass eben diese Machtlosigkeit der Täter im Sinne eines Sich-Erlebens als Marionette dazu führt, das sie sich einer aktiven Konfrontation mit den Normen entziehen. Dies äußert sich bei ehrbezogenen Gewalttaten dadurch, dass die Täter ihre Tat als eine Notwendigkeit betrachten und angeben, sie hätten so handeln müssen (vgl. Feldner, 2000: 41; Yirmibesoglu, 2005: 244).

- **„The Denial of Injury"**
Wie schon das Kriminalgesetz, das zwischen Taten, die in sich falsch (mala in se) und solchen, die zwar illegal, aber nicht unmoralisch (mala prohibita) sind, unterscheidet, scheint auch der Täter die Tat zwar als illegal, aber nicht moralisch verwerflich zu sehen. Diese Neutralisierungstechnik nach Sykes und Matza (1957)

trägt dem Umstand Rechnung, dass Täter oft der Meinung sind, ihr gewalttätiges Verhalten sei zwar gegen das Gesetz, dabei jedoch nicht unmoralisch, was auch auf das Verhalten ehrbezogner Gewalttäter zutrifft, da sie ihre Tat durch das Ehrprinzip legitimieren.

- **„The Denial of the Victim"**

Auch wenn der Täter die Verantwortung für seine Tat übernimmt und sich eingesteht, dass diese Tat Verletzte oder Schaden zur Folge hatte, kann er die eigene, wie auch die moralische Empörung anderer dadurch neutralisieren, dass er behauptet, die Tat sei unter den gegebenen Bedingungen gerechtfertig gewesen. So kann das Verletzen eines Individuums nicht als tatsächliche Verletzung, sondern als gerechte Strafe bzw. Vergeltung interpretiert werden.

Indem der Täter dies tut, tauscht er mit dem Opfer die Rolle. Bei einem von den patriarchalischen Normen abweichenden Verhalten wird die Frau als eines Verbrechens schuldig und der Mann als Opfer angesehen, da er einen Verlust der Ehre erlitten hat. Er ist die in ihren Rechten verletzte Person, die die Sympathien der Gesellschaft genießt, weshalb der Täter seine Tat als Gerechtigkeit versteht. Bei Ehrverbrechen wird das Opfer (die Frau) zum Verursacher der Tat gemacht, an dem der Täter durch Gewalt Gerechtigkeit ausübt.

- **„The Condemnation of the Condemners"**

Die vierte Neutralisierungstechnik beschreibt den Umstand, dass der Täter den Fokus seiner Aufmerksamkeit von seiner eigenen Tat auf die Motive und das Verhalten derer, die seine Verstöße missbilligen, lenkt. Diese Einstellung der konformen Gesellschaft gegenüber kann ihren Ausdruck in zynischen Tiraden gegen „die Anderen" finden. Bei Ehrverbrechen kommt es oft vor, dass die Täter Polizisten, Staatsanwälte und sogar Richter als beschränkte Individuen degradieren und ihnen die Strafe gleichgültig ist, da für sie moralische Werte von Bedeutung sind und nicht Gesetze bzw. staatliche Autoritäten und häufig nach der begangenen Tat von der Familie oder dem sozialen Umfeld als Held gefeiert werden. Diese Sichtweise ermöglicht dem Täter seine Tat zu relativieren.

- **„The Appleal to Higher Loyalties"**

Eine letzte Technik ist nach Sykes und Matza (1957) das Neutralisieren durch das Akzeptieren der Regeln kleinerer sozialer Gruppen, wie z.B. der Familie oder Dorfgemeinschaft, zu welchen der Täter gehört, auf Kosten der Ansprüche der breiten Gesellschaft. Der Meinung der Autoren nach muss aber beachtet werden, dass Abweichungen von Normen durchaus auch ohne die Ablehnung der gesellschaftlichen Normen erfolgen können, nämlich dann, wenn anderen, dringlicheren oder mit einer höheren Loyalität verbundenen Normen der Vorrang gegeben wird. Dies trifft bei Ehrverbrechen die Befolgung von alten überkommenen Traditionen oder die falsche Interpretation islamischer Vorstellungen, um die Tat zu legitimieren. Der Täter hat die Empfindung, durch seine Tat höheren Zielen zu dienen.

Diese Neutralisationstechniken von Sykes und Matza (1957) treffen auch auf das Verhalten der Männer zu, die im Namen der Ehre Gewalt ausgeübt haben, und zeigen, wie diese die Effektivität sozialer Kontrolle vermindern können.

4. Vorstellung des Konzepts der empirischen Untersuchung

Vor der Auswertung der Untersuchungsergebnisse, welche zwischen Anfang August 2010 und Ende Januar 2011 in der Türkei erhoben wurden, erfolgt die Erläuterung der Methode zur Datengewinnung. Außerdem wird im Vorfeld das Sample charakterisiert und die Interviewsituation geschildert.

4.1 Methodisches Vorgehen

Da qualitative Verfahren als alternative und eigenständige Methoden zur Erhebung und Auswertung von Daten angesehen werden und die Annäherung an die soziale Realität mit Hilfe eines offenen Verfahrens erlauben, wird in dieser Arbeit nach der qualitativen Forschungsmethode gearbeitet (vgl. Dieckmann 2005: 444).

Die qualitative Forschungsmethode ist *„eine unstrukturierte oder wenig strukturierte Beobachtung, die über einen sehr kurzen oder aber auch sehr langen Zeitraum erfolgen kann und die mit unterschiedlichen Graden und Arten der Teilnahme des Forschers verbunden sein kann. Sie kann ebenso wie die qualitative Beobachtung von unterschiedlicher Intensität und Dauer sein und kann zudem durch unterschiedliche Arten des Involvements von Seiten des Forschers gekennzeichnet sein"* (Hopf/Weingarten 1993: 14).

Den Impuls zur Durchführung einer empirischen Arbeit gab die Literaturlage zum Thema, die sich für die Beantwortung der Fragestellungen dieser Arbeit als unzureichend erwies. Neben der Absicht, gesellschaftliche Normen und Erklärungsansätze der Gewalt im Namen der Ehre zu erfassen, verfolgt die eigenständige Datenerhebung das Ziel, ehrbezogene Gewalt aus der Perspektive der türkischen Männer, die ehrbezogene Gewalt ausgeübt haben, zu veranschaulichen. Dabei stehen die Themen innerfamiliäre Gewalt und damit einhergehend die Beziehung zwischen Mann und Frau sowie die Bedeutung von Ehre und Ehrverletzungen im Zentrum des Interesses.

Der Untersuchung des Forschungsfeldes ging die Aneignung der theoretischen Grundlagen für die Durchführung qualitativer Methoden der empirischen Sozialforschung voraus. Die Absicht dieser Arbeit, türkische Männer aus ihrer eigenen Perspektive über die Bedeutung der Ehre schildern zu lassen, legte es nahe, das qualitative Verfahren des fokussierten Interviews zu wählen[58].

Beim fokussierten Interview handelt es sich um eine Interviewtechnik, die dazu dienen soll, bestimmte Aspekte einer gemeinsamen Erfahrung der unterschiedlichen Befragten möglichst umfassend, thematisch konzentriert, detailliert und einschließlich ihrer emotionalen Komponenten auszuleuchten. Voraussetzung für dieses Interviewverfahren ist, dass die interviewten Personen eine Gemeinsamkeit haben, bspw. etwa zuvor eine ganz konkrete Situation erlebt haben (vgl. Friebertshäuser 1994: 378). Man geht zwar auch hier im Hinblick auf die Bedeutungsstrukturierung vom Befragten aus, Absicht ist aber nicht so sehr die Generierung von hypothetischen Konzepten, sondern es geht vielmehr um die Falsifikation von deduktiv gewonnenen Hypothesen, die der Forscher/die Forscherin vorab entwickelt hat (vgl. Lamnek 1995: 79). Das Hauptaugenmerk wird dabei auf eine spezifische, konkrete, nicht experimentell konstruierte Situation des Befragten gerichtet, die dieser persönlich erlebt und erfahren hat.

Im Vorfeld des Interviews wurde die Feldsituation beobachtet. Im zweiten Schritt wurde versucht, über eine Situationsanalyse die hypothetisch wichtigen Elemente herauszuarbeiten, indem man sich mit dieser Situation auseinandergesetzt hat und die Reaktionen des in dieser Situation Beobachteten ermittelt hat (vgl. Lamnek 1995: 79). Nachdem die Beobachtungsanalyse abgeschlossen wurde, wurde der Interviewleitfaden (siehe Anhang) entwickelt, der die relevanten Themen und für die Situation wichtigen Aspekte und Elemente enthält. Es wurde das Ziel verfolgt, die subjektiven Erfahrungswerte der Befragten in der früher erlebten und vom Autor aufgrund der Beobachtung analysierten Situation zu erfassen.

Vor der Durchführung der Untersuchung stellt sich auch die Zweckmäßigkeit eines Kurzfragebogens (siehe Anhang) heraus, um sozialstatistische Daten zu er-

---

[58] Da fast alle der Befragten eine niedrige Schulqualifikation haben und selbst einfache Fragebögen von mindestens zehn Prozent der erwachsenen Bevölkerung nicht ordnungsgemäß ausgefüllt und verstanden werden können, das heißt, dass Fragebögen bei Untersuchungen mit Versuchspersonen mit beträchtlichem Bildungsgrad angemessen sind, wurde für diese Arbeit die mündliche Befragung gewählt, weil die mündliche Befragung die sicherste Methode ist, um Informationen von Probanden zu bekommen (vgl. Selltiz u. a. 1972: 15).

mitteln. Dies war von Vorteil, da mit diesen Fragen das Interview nicht unterbrochen werden musste und beiden Interviewpartnern den Einstieg in das Gespräch erleichterte.

Mit Ausnahme von einem Interview, das protokolliert wurde, sind die Interviews mit den türkischen Männern auf Tonband aufgezeichnet worden. In dem Fall, in dem das Interview nicht aufgenommen wurde, hatten die Behörden der Vollzugsanstalt in Konya Bedenken gegen eine Tonbandaufnahme geäußert und machten die Durchführung des Interviews davon abhängig, dass dieses nur protokolliert wurde. Auch eine Kontaktaufnahme mit dem Justizministerium in Ankara führte nicht zu einer Genehmigung zur Durchführung des Interviews mit Tonband, sondern wurde ohne nähere Begründungen abgelehnt. Die Skepsis gegenüber dieser Arbeit schien bei den Behörden sehr groß zu sein. In Anbetracht der äußerst schwierigen Umstände, überhaupt Interviewpartner zu finden, die im Namen der Ehre Gewalt ausgeübt haben[59], wurde in diesem einen Fall auf das Aufnahmegerät verzichtet.

Die Interviews dauerten zwischen 40 und 60 Minuten; das Interview in der Vollzugsanstalt dauerte 3 Stunden, da aufgrund der Vielzahl an gleichzeitig zu erledigenden Aufgaben wie Zuhören, Protokollieren, Fragen und Steuern des Gesprächs die Anforderungen sehr hoch waren. Alle Interviews wurden in türkischer Sprache geführt. Hinterher wurden die Interviews in eine schriftliche Form gebracht, wobei der Dialekt bereinigt wurde, Satzbaufehler behoben wurden und der Stil moderat geglättet wurde (vgl. Mayring 2003: 70), da das primäre Ziel des Interviews auf der inhaltlich-thematischen Ebene lag und Dialekte, Sprachfärbungen oder Sprach- bzw. Stilfehler für den Untersuchungsgegenstand nicht von Bedeutung sind. Auch nonverbale Bemerkungen, wie „hmm", „ähm" und Hüsteln u.ä. wurden bewusst weggelassen, da im Unterschied zu anderen Forschern solche Geräusche für die Auswertung dieser Untersuchung nicht erheblich erscheinen. Die nun in schriftliche Form gebrachten Interviews wurden nach der Transkription sinngemäß ins Deutsche übersetzt und von einer Sprachwissenschaftlerin kontrolliert, um Feinheiten bei der Ausdrucksweise nicht zu verlieren. Zwar war die

---

[59] Die Suche nach Interviewpartnern war dahingehend eingegrenzt, dass sie eine ehrbezogene Tat begangen haben sollten, da die Einstellung und Sichtweise dieser Männer für diese Arbeit von Interesse war.

Transkription[60] aufwendig, aber alle aufgezeichneten Gespräche wurden Wort für Wort transkribiert, da erst mit diesen Protokollen die Basis für eine ausführliche Interpretation hergestellt werden konnte.

4.2 Entwicklung des Interviewleitfadens

Im Interview dient der Leitfaden als Orientierungsrahmen und Gedächtnisstütze für die Interviewerin, damit alle relevanten Themen für die Untersuchung ange-sprochen werden, und damit, wenn das Gespräch stockt, auf Anregungen aus dem Leitfaden zurückgegriffen werden kann (vgl. Witzel 1982: 90). Des Weiteren dient der Leitfaden u.a. dem Zweck, dass durch die offene Gesprächsführung und die Erweiterung von Antwortspielräumen der Bezugsrahmen des Befragten bei der Fragenbeantwortung miterfasst werden kann, um so einen tieferen Einblick in seine Relevanzstrukturen und Erfahrungshintergründe zu erlangen. Dabei wird darauf geachtet, dass alle forschungsrelevanten Themen auch tatsächlich ange-sprochen werden bzw. dass eine zumindest rudimentäre Vergleichbarkeit der Interviewergebnisse gewährleistet werden kann (vgl. Schnell/Hill/Esser 2005: 387).

Der Interviewleitfaden besteht aus zwei Abschnitten: Der Kurzfragebogen, der vor dem themenbezogenen Interview abgefragt wurde, erfasste das Alter, Geburts-ort, Schulbildung, Beruf, Einkommen und Familienstand der Interviewpartner. Weiterhin wurden Informationen zur Bildungssituation, der beruflichen Qualifika-tion und gegenwärtigen Tätigkeit der Eltern generiert, um hieraus Zusammenhän-ge zwischen demographischen Eigenschaften von Personen und ihren Einstellun-gen, Überzeugungen und Verhaltensweisen zu ermitteln.

Das Hauptinterview stützte sich auf einen Leitfaden mit den im Anschluss ge-nannten drei Schwerpunkten, deren Reihenfolge während der Gespräche weitge-hend eingehalten wurde:

---

[60] Angesichts des Umfangs der Transkriptionen der Interviews sind diese nicht im Anhang ange-fügt.

1. Wirtschaftliche und soziale Bedingungen in der Türkei;
2. Das innerfamiliäre Verhältnis der Geschlechter;
3. Die Bedeutung der Ehre.

Diese Themenbereiche wurden gewählt, weil zum einen davon auszugehen ist, dass die Themen innerfamiliäre Gewalt, Geschlechterrollen, die Bedeutung von Ehre und die Bestrafung bei Ehrverletzungen am einfachsten auf diese Weise angesprochen werden konnten. Zum anderen war davon auszugehen, dass die Interviewpartner nicht über die begangene ehrbezogene Tat sprechen würden und wollen, weil es als heikel und unangenehm empfunden werden kann, weshalb nicht direkt die Tat thematisiert wurde, sondern was die Interviewpartner unter Ehre und Ehrverletzung verstehen und wie diese nach deren Meinung zu bestrafen ist.

Beim Berichten der Befragten über die Bedeutung von Ehre und Ehrverletzungen wurde besonders darauf geachtet, wie sie diese bewerten und interpretieren und wie sie bei Ehrverletzungen reagieren würden. Deswegen wurden die Fragen so formuliert, dass die Befragten ihre Erfahrungen mit eigenen Worten beantworten und ihre Sichtweisen und Definitionen unbeeinflusst präsentieren konnten. Das Hauptmotiv bei den gestellten Fragen war, auf das Fokussieren der Gefühle zu achten, um die Gefühle der Befragten zu erkennen und darauf eingehen zu können (vgl. Friebertshäuser 1994: 379).

Eine wichtige Ergänzung zu den Interviews waren die Notizen über die Rahmenbedingungen und die Interviewatmosphäre. Diese Notizen wurden unmittelbar nach dem Interview in Form eines Gedächtnisprotokolls gemacht. So wurde in den Notizen festgehalten, wo das Interview stattfand, ob der Ort, an dem das Interview geführt wurde, Auffälligkeiten aufwies, wie lange das Interview dauerte, ob dritte Personen anwesend waren oder andere Störfaktoren vorlagen und ob ein Vertrauensverhältnis zum Interviewten aufgebaut werden konnte.

4.3   Darstellung der Interviewpartner und der Interviewsituation

Das Sample umfasst fünf Männer, die in der Türkei geboren sind und in der Türkei auch leben. Zwei der Befragten (Rifat und Yasin) stammen aus dem Süd-Osten der Türkei, aus Siirt; einer der Befragten (Murat) aus dem Osten der Türkei, aus Kars. Merkmale des Ostens der Türkei ist die Bevölkerungszusammensetzung, wonach der überwiegende Teil Kurden sind. Wirtschaftlich ist der östliche Teil der türkischen Republik sehr unterentwickelt, weil der Staat in diese Gebiete wegen dem Terrorismus nur wenig investiert. Seit Jahrzehnten herrschen in diesen Regionen eine hohe Arbeitslosigkeit und entsprechende Armut[61], weshalb die drei Befragten (Yasin, Rifat und Murat) mit ihren Familien nach Konya[62] zogen, um Geld zu verdienen.

Die weiteren zwei Befragten (Salih und Mesut) stammen ursprünglich aus Konya, ca. 250 km südlich von Ankara, und leben auch noch in Konya. Konya ist eine große Stadt zwischen der Hauptstadt Ankara und der Touristenmetropole Antalya. Im Allgemeinen ist die Bevölkerung der Stadt und der Landkreise für ihre konservativ-religiöse Wertehaltung bekannt, so dass die Männer – vor allem in den Dörfern von Konya – stark nach außen orientiert sind und in ihrer männerdominierten Welt zu Hause sind. Die Frauen hingegen sind nach innen orientiert, das heißt sie sind an die häusliche Umgebung gebunden und verlassen selten das Haus.

Das Alter der Untersuchungsgruppe bewegt sich zwischen 31 und 42 Jahren und weist einen Durchschnittswert von 36, 2 Jahren[63] auf. Die befragten Männer fallen insbesondere im Bereich der Gewaltdelikte (wegen der Ehre) auf: Vier der Männer haben entweder die Schwester, Ehefrau oder einen näheren Verwandten mit oder ohne Waffe verletzt, einer hat seine Frau aufgrund einer Ehrverletzung – weil sie fremd gegangen ist – getötet. Die Schul- und Berufsausbildung der Männer weist einen als dramatisch zu bezeichnenden Zustand auf. Nur einer der Befragten hatte Abitur[64], die weiteren vier Befragten haben nur einen Grundschulabschluss. Da die Eltern arm waren bzw. in ärmlichen Verhältnissen in Dörfern von Siirt, Kars oder Konya lebten bzw. noch leben und eine Mittelschule lediglich

---

[61] Es besteht eine große Kluft zwischen dem Westen mit moderner Industrie (insbesondere den großen Metropolen) einerseits und dem agrarisch strukturierten und wenig entwickelten Osten andererseits. In fast allen modernen Wirtschaftsbereichen wird der Westen und Nordwesten der Türkei bevorzugt. Der überwiegende Teil der Investitionen wird im westlichen Teil der Türkei, insbesondere in den Großstädten getätigt.

[62] Obwohl auch in Konya die Arbeitslosigkeit verbreitet ist, sind aber dort Wirtschaftszweige angesiedelt, die Arbeitsplätze schaffen. Konya ist die wichtigste und größte Stadt im Landesinneren und gilt zudem als Hochburg und „grüne Hauptstadt" der islamisch gesinnten Bevölkerung.

[63] Hier wurde nicht das Geburtsdatum während der Auswertung berücksichtigt, sondern das aktuelle Alter während des Interviews in die Berechnung aufgenommen.

[64] In der Türkei sind Abiturenden alle, die die „Lise" besucht haben.

in der Stadt zu finden ist, somit ca. 30 bis 50 Kilometer entfernt, wurde auf eine weiterführende Schule verzichtet, weil sie sonst in ein Internat untergebracht werden müssten, was die Eltern nicht finanzieren konnten. Da die Männer aufgrund ihrer niedrigen Schulausbildung wenig qualifiziert sind, ist auch ihre berufliche Situation sehr mäßig. Drei der Befragten sind Arbeiter in Konya, einer ist selbstständig im handwerklichen Bereich ebenfalls in Konya und einer war vor seiner Verurteilung als Bauer tätig in einem Dorf von Konya, lebte von Viehzucht und Ackerbau.

Tabelle 1   *Überblick zu den Interviewpartnern[65]*

Name	Geburtsort	Alter	Bildungs- stand	Berufs- ausbildung	Ehrbezogene Straftat
Salih	Konya	31	Gymnasium (Lise)	Selbst- ständig	Körper- verletzung
Mesut	Konya	34	Grund- schule	Bauer	Mord
Rıfat	Siirt	37	Grund- schule	Arbeiter	Körper- verletzung
Murat	Siirt	42	Grund- schule	Arbeiter	Körper- verletzung
Yasin	Kars	37	Grund- schule	Arbeiter	Körper- verletzung

Um geeignete Interviewpartner zu finden, wurde im Vorfeld direkter Kontakt zu Anwälten in Konya aufgenommen, die mit Fällen ehrbezogener Gewalt beschäftigt sind. Diese Anfrage stieß bei den Anwälten zunächst auf starke Verwunderung, so dass sie anfangs sehr zurückhaltend waren. Doch als sie mehr über das Vorhaben bzw. die Themenstellung erfuhren und absolute Vertraulichkeit und Anonymität der jeweiligen Interviewpartner zugesichert wurde, änderte sich die Lage. Zudem konnte mithilfe eines mit der Autorin dieser Arbeit verwandten Rechtsanwaltes in Konya die Beziehung zu den kontaktierten Anwälten vertieft werden, indem im Vorfeld in Bezug auf Interviews und Tonbandaufzeichnung Motivations- und

---

[65] Quelle: Eigene Darstellung.

Vertrauensarbeit bei den Rechtsanwälten geleistet wurde, so dass die Anwälte dieselbe Vertrauensarbeit bei den Interviewpartnern leisten konnten.

Fünf Männer, die die Auswahlkriterien erfüllten, haben zugesagt und es wurde ein Termin mit ihnen vereinbart. Den Ort, an dem das Interview durchgeführt werden sollte, durften die Männer bestimmen. Von den zwischen Anfang August 2010 und Ende Januar 2011 geführten Interviews fanden vier der Interviews in den Büros der Anwälte statt, weil die Interviewpartner darauf bestanden. Da einer der Interviewpartner zu lebenslanger Haft verurteilt war (Mord an der Ehefrau aufgrund von Untreue dieser) und in der Vollzugsanstalt in Konya war, wurde ein Interview im Gefängnis geführt. Es wurde ein separater und ruhiger Raum von der Vollzugsanstalt zur Verfügung gestellt, jedoch unter der Aufsicht eines Gefängniswärters.

Einleitend wurde den Interviewpartnern das Vorhaben vorgestellt und ihre Fragen dazu beantwortet, sowie ihnen versichert, dass ihre Anonymität gewahrt bleiben würde. Des Weiteren wurde den Interviewpartnern erklärt, dass sie die Möglichkeit haben, jederzeit das Mikrofon abzustellen und die Aufnahme zu stoppen. Anschließend wurde durch Interviewer immer wieder bekräftigt, dass die Interviewpartner als Gesprächspartner die Akteure des Geschehens seien und sie daher frei und unbeeinflusst sprechen könnten, so lange sie es wünschten. Während des Interviews wurde darauf geachtet, dass der Befragten nicht mit Fragen unterbrochen wurde und immer ausreden konnte. Denn um ihre individuellen Erfahrungen und Erlebnisse erfahren zu können, war zu gewährleisten, dass sie ungehindert reden können.

Die Erfahrung, dass die Gespräche von einer Forscherin aus dem gleichen Kulturkreis geführt wurden, hatte für die Realisierung dieser Arbeit mehrere Vorteile. Vor allem entstanden keine kulturellen Barrieren. Denn in der Interviewsituation ist es wichtig, dass das Bedeutungssystem, das vom kulturellen Bezugsrahmen der Interviewten geprägt ist, zu berücksichtigen und in das Bedeutungssystem der Zielpersonen einzudringen (vgl. Hoffmeyer/ Zlotnik 1986: 15f.). Dies konnte ohne Probleme berücksichtigt werden, weil die Autorin aus demselben Teil der Türkei stammt und somit mit der Materie bestens vertraut ist. Die Fragen waren, so weit es geht, allgemein formuliert. Es wurde aber immer eine Zusatzfrage überlegt, sollte der Befragte mit der Fragestellung überfordert sein oder die Frage nicht verstanden haben. In so einer Situation wurden Zusatzinformationen gegeben und die Frage wurde neu formuliert.

Die befragten Männer haben sich intensiv mit den Fragen befasst, sodass sehr aufschlussreiche Gespräche zustande gekommen sind. Alle betonten und verglichen die Differenzen zwischen einem Mann und einer Frau sowie die unterschiedliche Bewertung der Ehre der Frau und des Mannes. Bei einigen hatte ich das Gefühl, dass sie darin eine Möglichkeit sahen, ihre Gefühle und ihre Einstellungen zum Ausdruck zu bringen.

4.4 Auswertungsverfahren

Für die Auswertung der Interviews wurde die qualitative Inhaltsanalyse verwendet, weil diese Methode das Material zergliedert und schrittweise bearbeitet sowie theoriegeleitet die Analyseaspekte aufgrund eines am Material entwickelten Kategoriensystems festlegt (vgl. Mayring 1999: 91).

Bei der qualitativen Inhaltsanalyse sind drei Hauptformen zu unterscheiden, die im Folgenden jeweils kurz geschildert werden:

- **Zusammenfassung:**
  „Ziel der Analyse ist es, das Material so zu reduzieren, dass die wesentlichen Inhalte erhalten bleiben, durch Abstraktion einen überschaubaren Corpus zu schaffen, der immer noch Abbild des Grundmaterials ist" (Mayring 2003: 58).
- **Explikation:**
  „Zu einzelnen interpretationsbedürftigen Textstellen wird zusätzliches Material herangezogen, um diese zu erklären, verständlich zu machen, zu erläutern, zu explizieren" (Mayring 2003: 77).
- **Strukturierung:**
  „Diese zentralste inhaltsanalytische Technik hat zum Ziel, eine bestimmte Struktur aus dem Material herauszufiltern" (Mayring 2003: 75).

Die transkribierten Interviews wurden nach der strukturierten Inhaltsanalyse ausgewertet, wobei wie oben beschrieben aus dem Material bestimmte Kategorien herausgefiltert wurden.

„Das aus den Strukturierungsdimensionen zusammengestellte Katego-
riensystem wird genau definiert, dass eine eindeutige Zuordnung von
Textmaterial zu den Kategorien immer möglich ist" (Mayring 1999:
94-95).

Für die weitere Darstellung der Auswertung wurde wie in Abbildung 1 dargestellt
vorgegangen: Als erstes wurde ein Durchgang durch das gesamte Interviewmate-
rial vollzogen, um den generellen Sinn des Ganzen aufzuschließen und die Analy-
seeinheiten zu bestimmen. Darauf folgt dann eine zweite Sichtung des gesamten
Textmaterials unter Berücksichtigung der Literatur zum Thema, wobei dann die
Strukturierungsdimensionen theoriegeleitet festgelegt wurden. Anschließend wurden die Ausprägungen bestimmt sowie die Kategoriensysteme festgelegt und konkrete Textstellen angeführt, die unter eine Kategorie fallen und als Beispiel für
diese Kategorie gelten sollen. Es wurden auch Regeln formuliert, um eindeutige
Zuordnungen zu ermöglichen (vgl. Mayring 2003: 83). Alle der fünf durchgeführten Interviews konnten ausgewertet werden.

Abbildung 1   Schema zur Interviewauswertung[66]

---

[66]   Quelle: Eigene Darstellung.

5. Darstellung der Ergebnisse

5.1 Das Verhältnis der Geschlechter – Das männliche Rollenverständnis

In türkischen Familien aus der bildungsfernen Unterschicht herrscht ein normatives geschlechtsspezifisches Rollenverständnis (vgl. Schami 2004: 9). Von großer Relevanz ist das geschlechtsspezifische soziale Handeln der Geschlechter untereinander. Der Mann ist berechtigt, vor allem in Bezug auf Bestrafung oder Disziplinierung der Familienmitglieder zu handeln, da die männliche Heterosexualität die dominierende und die beschützende Rolle des Mannes über die Frau festlegt, während die Frau in einer Ehe zum Gehorsam verpflichtet ist. Die Vorstellung einer gleichberechtigten Partnerschaft ohne Gehorsamsprinzip ist der traditionellen türkischen Gesellschaft fremd. Nach Auswertung der Interviews konnte belegt werden, dass Gewalt in der Regel Ausdruck eines Machtgefälles zwischen Mann und Frau ist.

Bei den Aussagen der Interviewpartner wurde deutlich, dass Gewalt instrumentell eingesetzt wird, um sich gegenüber der Partnerin durchzusetzen. Für die Täter ist Gewalt ein geeignetes Mittel, um bestimmte Ziele durchzusetzen und zu legitimieren (vgl. Gelles, 1987: 37):

> „Ich schlage meine Frau nicht einfach so, das heisst, manchmal schlage ich sie schon, aber nicht einfach so. Ich schlage sie nur, wenn sie etwas heimlich gemacht hat oder meiner Mutter etwas schlimmes gesagt hat, also als Strafe, damit sie sich anständig benimmt. Also, wenn man das nicht macht, dann hört sie auf dich nicht. Deswegen muss es manchmal sein. Wenn sie es verdient hat, damit sie weiss, dass sie eine Frau ist, muss man sie bestrafen, damit sie nicht nach ihrem eigenen Kopf handelt. Also, sie muss schon auf mich hören, mich fragen, ansonsten hätte ich ja gar keine Bedeutung." (Salih, 33 Jahre, Konya)

„Valla[67], ohne zu übertreiben muss ich sagen, dass ich sie in den 8 Jahren, nur 5 oder 6 mal geschlagen habe und das nur, weil sie mich sehr aufgeregt hat. (...) Also, z. B. ich hab irgendetwas gesagt und sie hat genau das Gegenteil gemacht, dann hab ich sie geschlagen, damit sie das nicht macht und mir nicht antwortet. Ich bin jetzt zwar kein Mann...also, ich bin ein Mann, ein demokratischer Mann eigentlich, ich bin kein Mann, der sehr eng denkt, z. B., wenn ich etwas kaufen möchte, z. B. ein Computer oder so, dann sage ich das zuerst meiner Frau und möchte ihre Meinung dazu wissen, weil sie auch ein Recht bei den gekauften Sachen hat. Sie soll sich aber nicht mir widersetzen, da flipp ich aus und sie muss schon immer nach meiner Meinung fragen.“ (Yasin, 37 Jahre, Kars)

Bei der Gewalt gegen die Partnerin ist unmittelbar ersichtlich, dass dies ein Machtmittel des Mannes darstellt, eine Option des „mächtigeren" (hier männlichen) Partners ist, um seine Interessen durchzusetzen, das heißt, der Mann dominiert die Frau; die Frau muss sich von dem Mann dominieren lassen. Sie sind aufgrund der traditionellen Rollenverteilung und sozialer Stigmatisierung dazu gezwungen, unter der Herrschaft der Männer zu leiden (vgl. Yildirim, 1998: 29f.). Die Umsetzung der Geschlechterrollensozialisation ist die Ursache der Geschlechterungleichheit (vgl. Walby, 1990: 37).

Männliche Dominanz über die Frau ist verknüpft mit Stärke und Macht. Ein Mann muss immer dominieren, er darf keine Schwächen zeigen, da er sonst als unmännlich bezeichnet wird (vgl. Petersen 1985: 23). Zu erkennen ist, dass Gewalt gegenüber der Partnerin angewandt wird, um sie zu einer unterwürfigen und selbstlosen Person zu erziehen (vgl. Toprak 2005: 169). Die Studie von Halis aus dem Jahr 2001 kommt zu dem Ergebnis, dass 54 Prozent der Frauen in ruralen Gebieten und 44 Prozent in urbanen Gebieten Gewalt erfahren (Halis, 2001: 22). Auch in Ilkaracans Studie betonten mehr als die Hälfte aller Frauen, dass sie der Gewalt ihres Mannes ausgesetzt sind: 75 Prozent der verbalen Gewalt, 48 Prozent der emotionalen Gewalt, 60 Prozent der physischen Gewalt und 51 Prozent der sexuellen Gewalt (Ilkaracan, 2002: 48).

---

[67] Im Deutschen „Ich schwöre".

Insbesondere werden Gewaltakte seitens des Mannes dadurch begründet, dass die Frau moralische Werte und Normen verletzt, so z.B., wenn sie dem Mann widerspricht und nach ihren eigenen Vorstellungen und Überzeugungen handelt.

Die Autorität des Mannes gegenüber seiner Frau muss in der Öffentlichkeit unter Beweis gestellt werden, da die Gesellschaft sonst seine Männlichkeit und Stärke anzweifeln und sein Ansehen und seine Autorität in der Männerhierarchie vermindern könnte und somit ihn und seine Familie in eine verwundbare Rolle zwingt. Es muss in der Öffentlichkeit eindeutig sein, dass ein Mann seiner Frau bzw. den weiblichen Familienmitgliedern übergeordnet ist. Im Falle der Verletzung dieser männlichen Rolle gerät ein Mann als „Pantoffelheld" in Verruf:

> *„Wissen Sie, die Leute würden nicht gut reden, wenn ich mein Verhalten nach den Forderungen meiner Frau richten würde. Ich meine, ich bin kein Pantoffelheld[68]. Eine Frau muss Frau sein, ein Mann muss ein Mann sein. Die Frau kann nicht die Rolle des Mannes einnehmen, sie muss dem Mann schon gehorchen und wenn sie das nicht tut, dann muss der Mann sie zur Vernunft bringen. Sonst ist der Mann weder in den Augen der Familie noch draußen vor den Leuten ein richtiger Mann."* (Murat, 42 Jahre, Siirt)

> *„Wenn ich der Mann im Haus bin, dann muss auch das letzte Wort beim Mann sein, weil sonst würde man sich nur über den Mann lustig machen und würde ihn dann auch gar nicht mehr ernst nehmen."*
> (Yasin, 37 Jahre, Kars)

Bei der Ausübung der physischen Gewalt scheinen die Männer keinerlei Unrechtsbewusstsein zu empfinden, da sie ein solches Verhalten auch bei ihren Eltern gesehen und von ihnen vorgelebt bekommen haben.

> *„Ich wurde von meinem Vater sehr oft geschlagen. Valla, ich weiss zwar nicht, aber mein Vater war ein aggressiver Mann, wenn er wütend war, hat er geschlagen, auch meine Mutter hat er geschlagen, also, wer ihn aufgeregt hat, der wurde auch geschlagen."* (Salih, 33 Jahre, Konya)

---

[68] Im Türkischen „sogan erkegi".

Einen grundlegenden und nach wie vor hoch aktuellen Beitrag zum Verständnis menschlichen Handelns leistet die Lerntheorie. Den lernpsychologischen Erklärungsversuchen für gewalttätiges Verhalten liegt die Annahme zu Grunde, „dass Aggressionen wie andere soziale Verhaltensweisen erlernt werden" (Gage/ Berliner 1996: 230). Durch Beobachtung der von den Eltern praktizierten erfolgreichen gewalttätigen Konfliktlösungsstrategien auf personaler Ebene können geistige Repräsentationen angelegt werden, die als Einstellung in ähnlichen Situationen handlungsbestimmend werden können. In der Erziehung haben alle der Befragten gelernt, Gewalt als probate und „normale" Form der Auseinandersetzung bzw. der Erziehung zu betrachten.

„Mein Vater hat uns sehr oft geschlagen, zwar nicht einfach so, sondern wenn wir was angestellt haben. (...) Ich weiss auch, dass er meine Mutter geschlagen hat, wenn sie vorlaut wurde. Also, jeder von uns hat in irgendeiner Weise schläge bekommen, also, es ist schon passiert, das gibt es bei jedem, vielleicht ist es auch bei ihnen passiert. Ich sage, dass das normal ist." (Mesut, 34 Jahre, Konya)

„Ooh, wir wurden von meinem Vater sehr heftig geschlagen, nicht so ein paar Ohrfeigen, sondern so richtig. Wir hatten auch sehr Angst vor meinem Vater. Wenn irgendetwas passiert ist, also, wenn wir was angestellt hatten, dann hat das meine Mutter immer verheimlicht, sonst würde er gar nicht hören, sondern einfach schlagen. Meine Mutter konnte auch nicht dazwischen gehen, weil er sie sonst auch schlagen würde. Damals hat mich das zwar wütend gemacht, aber es war schon notwendig, weil es muss schon einer da sein vor dem man sich fürchtet. Vom Vater muss man sich schon zurücknehmen." (Murat, 42 Jahre, Siirt)

Zwischen dem, was die befragten Männer als Gewalt wahrnehmen und was in internationalen Berichten, beispielsweise in jenen der WHO[69], als Formen von Gewalt eingestuft wird, liegt eine Diskrepanz. Obwohl die Interviewpartner ausschließlich erwähnen, vom Vater geschlagen worden zu sein, ist festzustellen, dass sie dies nicht als Gewalt wahrnehmen. Wenn sie von ihren Vätern geschlagen

---

[69] World Health Organization (WHO): 2005, S. 5.

wurden, dann deswegen, weil sie etwas „angestellt" hatten. Dies wurde von den Befragten aber als belanglos hingestellt, als „Normal" eingestuft und wird heute als „Notwendigkeit" wahrgenommen, was zeigt, dass sie die Gewalt des Vaters nicht als Problem, sondern als Disziplin wahrnehmen.

Gewalt ist folglich „subjektiv und gefühlsbedingt" (Strathern/ Stewart 2004: 19), kontextabhängig und historisch wandelbar. Dementsprechend ist Gewalt „mittelbar immer auch Teil eines gesellschaftlichen Aushandlungsprozesses" (Heitmeyer/Schröttle 2006: 17) und deren Wahrnehmung somit offensichtlich kulturell beeinflusst. Vor diesem Hintergrund werden die Auffassungen der befragten Männer erklärbar und zeigen deutlich die Relativität von Gewalteinschätzungen auf.

Gewalt wird bei den Befragten oftmals als legitimes Mittel der Männer angesehen. Ein Bewusstsein darüber, dass sie, wenn sie die Frau schlagen, Gewalt ausüben, fehlt ihnen meist gänzlich (vgl. Toprak 2005: 133). Vor allem in türkischen bildungsfernen Schichten ist es legitim, die Frau zu schlagen, was mit einem türkischen Sprichwort „dem Ehemann steht es zu, seine Frau sowohl zu lieben als auch zu schlagen" begründet wird (vgl. Toprak 2007: 170).

> *„Ich meine, dass ich meine Frau schlage, bedeutet nicht, dass ich sie nicht liebe. Dem Mann steht es zu, seine Frau zu schlagen und zu lieben. Also, wenn ich meine Frau schlage, dann nur aus einem Grund, aber nicht deshalb, weil ich sie nicht liebe."* (Salih, 33 Jahre, Konya)

Noch weniger als physische Gewalt wurde von den Befragten psychische Gewalt wahrgenommen. So berichteten sie nicht explizit über Formen psychischer Gewalt, wenngleich während der Interviews an manchen Stellen dennoch offenkundig wurde, dass es diese in Form von Beschimpfungen mit den Wörtern „Orospu" (Nutte) und „Kahpe" (Schlampe) gegeben hatte.

> *„Ja also, wenn sie sich nicht anständig verhält, dann sage ich schon, dass sie sich nicht wie eine Hure benehmen soll. Also, damit sie sich anständig benimmt."* (Yasin, 37 Jahre, Siirt)

> *„Valla, wenn sie mich wütend macht, beschimpfe ich sie auch, weil ich dann so angespannt bin, dann seh ich nur rot. (...) Z. B., wenn ich was unanständiges sehe, wenn sie so die Beine vor anderen aufeinander*

*schlägt, dann sag ich...ich bitte zwar um Entschuldigung, Nutte oder
so."* (Rifat, 37 Jahre, Siirt)

Zwar erwähnten die Männer die Beschimpfungen gegenüber ihrer Frauen, aber nie
im Kontext mit Gewalterfahrungen, was die Vermutung zulässt, dass sie diese
Beleidigungen nicht als solche einstufen. Derartige kränkende Äußerungen beziehen sich auf das Männlichkeits- bzw. Weiblichkeitskonzept und dementsprechend
in erster Linie auf die Ehre und die damit verbundene gesellschaftliche Rolle. Was
ist denn nun unter Ehre zu verstehen? Was verstehen die Befragten unter Ehre?

5.2   Die Bedeutung der Ehre – Ehre zwischen Angriff und Verteidigung

Im Türkischen ist zum einen die „allgemeine" Ehre von Bedeutung (türk. „seref"),
die jeder besitzt, der gut gewirtschaftet hat, der ehrlich und großzügig ist. *Seref* ist
steigerbar, insbesondere durch Großzügigkeit und der Gemeinschaft nützliches
Verhalten, kann aber auch verloren (durch schlechte Taten) und schließlich wieder
gewonnen werden (durch gute Taten) (vgl. Matter 1992: 95- 96).
   Die türkische Sprache kennt darüber hinaus noch einen anderen Ehrbegriff, die
Achtung (türk. „saygi"), die sich in Verhaltensweisen zeigt, indem beispielsweise
dem höher Gestellten nicht widersprochen wird (Kehl/Pfluger 1997: 16). Sie be-
zeichnet die „Anerkennung der Autorität" innerhalb hierarchisch klar aufgebauter
Familienstrukturen: „Der Sohn schuldet dem Vater, die Frau dem Mann, jüngere
Geschwister den Älteren Achtung." (Schiffauer 1983: 16).
   Eine andere Art von Ehre (türk. „namus"), auf die sich die Thematik dieses
Beitrages bezieht, steht im wesentlichen für die sexuelle Reinheit und Treue der
Frau. Die Frauen der Familie gelten als Trägerinnen der Ehre (vgl. Welch-
man/Hossain, 2005: 5), von der nach traditioneller Auffassung die Ehre des Mannes abhängt. Auf die Frage „Was ist Ehre? Was verstehen sie unter Ehre?" gaben
die befragten Männer zwar Moralvorstellungen in Form von sittsamen Benehmen
durch ehrliches Leben in der Gesellschaft an, bringen aber gleichzeitig diese mit
der Frau in Verbindung.

*„Für mich bedeutet Ehre einfach ehrlich zu sein, niemanden zu betrü-
gen und zu belügen. (...) Also, es ist die Frau, die Schwester und die*

Mutter. Die Ehre ist einfach alles was der Mensch hat. Das ist mein Verständnis von Ehre, man lebt einfach nur für die Ehre. Ein Leben ohne Ehre wäre nicht vorzustellen." (Salih, 33 Jahre, Konya)

„Für was arbeitet und lebt der Mensch? Natürlich zuerst für die Ehre. Zuerst lebt man für die Ehre, dann für das Brot. Wenn man hunger hat, dann isst man etwas und der Hunger ist vorbei, aber bei der Ehre ist es nicht so. Wenn man einmal seine Ehre verloren hat, dann gibt es kein zurück. (...) Was ich damit meine ist, dass Ehre unsere Frauen sind. Die Ehre ist alles was man hat. Ehre bedeutet guter Ruf in diesem Zusammenhang, also, dass man keine Schande begeht und so." (Murat, 42 Jahre, Siirt)

„Ich finde Ehre ist einfach Aufrichtigkeit und Ehrlichkeit. Man muss die Familie und auch die Gesellschaft beschützen, nicht nur die eigene Frau, sondern auch die Ehre der anderen Frauen sind zu beschützen. Man darf von niemandem die Ehre...wie soll ich sagen, also, von niemandem die Frau, also, die Ehre von anderen Frauen schief anschauen. Meine Frau ist meine Ehre, die mir rechtmäßig zusteht und andere Frauen sind die Ehre anderer Männer. Für die Ehre lebt man und mit Ehre sollte man auch sterben." (Mesut, 34 Jahre, Konya)

„Ehre bedeutet, dass die Frau ihren Mann nicht betrügt, also, jetzt nicht so reinlegen oder so, sondern, dass sie keine andere Beziehung hat. (...) Letztendlich lebt man nur für die Ehre. Deine Ehre ist deine Frau. Die Ehre bedeutet für mich alles und meine Frau ist nun mal meine Ehre. Meine Schwester, meine Verwandten oder meine Cousine, alle sind meine Ehre." (Rifat, 37 Jahre, Siirt)

Alle Interviewpartner betonten, dass die Ehre das Wichtigste in ihrem Leben ist, was sie in erster Linie mit der Frau in Verbindung bringen. Des weiteren besteht die Ehre der Frau und damit auch jene des Mannes in der sexuellen Reinheit der Frauen, das heißt, in erster Linie im Bewahren ihrer Jungfräulichkeit bis zur Ehe und der anschließenden permanenten Treue während der Ehe (Straube 1987: 109), was in den folgenden Interviewabschnitten deutlich zum Vorschein kommt:

„Eine Frau mit Ehre schützt ihre Tugend, schaut nicht nach draußen ausschau, bis sie heiratet bewahrt sie ihre Ehre und wenn sie verheiratet ist, ist sie ihrem Mann treu. Wenn sie aber das macht, was sie

nicht tun soll, z. B., wenn sie eine unanständige Beziehung hat, also eine außereheliche Beziehung, oder auch wenn sie ledig ist und eine intime Beziehung zu einem Mann hat, dann ist so eine Frau ehrlos. Niemanden würde so eine Frau und auch ihre Familie gut heissen." (Yasin, 37 Jahre, Kars)

„Eine ehrvolle Frau oder ein Mädchen darf vor allem keine Schande über ihre Familie bringen, darf einfach nicht so in aller Öffentlichkeit sein, sollte sich auch nicht so offen kleiden. Bei uns heisst es, der Stein wiegt schwer am eigenen Platz![70] *Deswegen muss sowohl die Frau als auch das Mädchen anständig sein, darf sich nicht so locker verhalten, muss sich schützen, um der Familie keine Schande zu sein."* (Murat, 42 Jahre, Siirt)

Die Ehre bzw. die Aufgabe der Frau besteht darin, ihre sexuelle Reinheit zu bewahren. Bleiben sie mit ihrem – von der Familie und Gesellschaft sehr klar definierten und kontrollierten – Verhalten innerhalb der vorgeschriebenen Bahnen, machen sie der Familie oder dem Mann Ehre. Überschreiten sie diese Grenze und werden dabei beobachtet – öffentlich gewordenes Verhalten ist die Voraussetzung für Ehrverlust – haben sie die Ehre der ganzen Familie gefährdet oder beschmutzt und Schande auf die ganze Familie geladen. Demnach gilt eine Frau als ehrlos, wenn man glaubt, dass sie die Grenzen des gesellschaftlich anerkannten Verhaltens überschritten, ihren guten Ruf gefährdet oder zerstört und damit die Ehre der Familie „in den Schmutz gezogen" hat. Als besonders verwerflich gilt der Verlust der Jungfräulichkeit, denn diese muss unter allen Umständen (bis zur Ehe) gewahrt werden. Dazu die Schilderung von Rifat:

„Wenn die Frau oder auch die Tochter mit Männern herumtun, oder, wenn sich herausstellt, dass die Frau, die man geheiratet hat oder die Schwester, die geheiratet hat, keine Jungfrau ist, dann ist die Ehre beschmutzt. Eine Frau bedeutet einfach die Ehre des Mannes. Also, woran erkennt man die Ehre einer Frau? An ihrer Jungfräulichkeit natürlich. Also, wenn sie diese nicht beschützt hat, dann ist sie ehrlos und eine Schande für die Familie, weil wenn das Mädchen keine

---

[70] Im türkischen heißt es, „tas yerinde agirdir".

Jungfrau ist, dann überträgt sich das auf die ganze Familie, dann gilt auch die Familie als ehrlos." (Rifat, 37 Jahre, Siirt)

Der Verlust der Jungfräulichkeit bedeutet für die Familie einer Frau eine besonders große Ehrbeschmutzung, da die Jungfräulichkeit in der ländlichen Gesellschaft einen besonderen Stellenwert hat. Deshalb muss also der untadelige Ruf einer Frau zu allen Zeiten gewahrt werden, vor allem in Bezug auf ihr sexuelles Verhalten (vgl. Giordano, 1992: 346f.). Damit wird die Frau stark auf ihre Sexualität reduziert, die in der männlich dominierten Gesellschaft als bedrohlich betrachtet wird, denn sie kann mittels ihrer sexuellen Anziehung Schaden in Familie und Gesellschaft anrichten. Sie muss sich stets selbst als Individuum, vor allem ihren Körper beschützen, da auch ein physischer Angriff, etwa eine sexuelle Vergewaltigung, das Ende ihrer weiblichen Ehre bedeuten kann, denn „nicht derjenige, der schändet, sondern der, der geschändet wird, ist mit Schande behaftet" (Gutlandin 1989: 9). Dabei spielen die Motive, der Aspekt Täter-Opfer keine Rolle, allein die Tatsache einer Vergewaltigung führt zum Ehrverlust und damit zur Verunreinigung der Frau, das heißt, dass bei der Bewertung einer „schändlichen" Tat, durch die die Ehre verletzt wurde, äußere Umstände und Motive zur Tat keine Rolle spielen. Nicht erst die böse Absicht, sondern allein die Tatsache, dass eine „Schande" begangen wurde, führt zum Ehrverlust (Matter 1992: 96). Um deutlich vor Augen zu führen, dass auch bei einer Vergewaltigung die Frau für das Verbrechen und dessen Konsequenzen verantwortlich gemacht wird, werden im Folgenden zwei Fallbeispiele konkretisiert.

Das Ehrverbrechen an Güldünya Tören

Güldünya Tören stammt aus Bitlis und war 22 Jahre alt, als sie vom Ehemann ihrer Cousine vergewaltigt und daraufhin schwanger wurde. Als die Familie dies herausfand, schickten sie sie nach Istanbul zu ihren Verwandten, damit sie dort ihr Baby auf die Welt bringen und ihr Kind nach der Geburt zur Adoption freigeben konnte. Güldünya wusste, dass sie nach ihrer Schwangerschaft von ihrer Familie umgebracht werden würde und suchte deshalb Hilfe bei der Polizei. Die Polizei übergab Güldünya einem befreundeten religiösen Gelehrten der Familie Alaattin

76

Ceylan, weil sie hoffte, dass er Güldünya mit ihrer Familie versöhnen würde. Doch zum selben Zeitpunkt trafen sich die männlichen Familienmitglieder von Güldünya und beschlossen ihren Tod. Dabei wurde entschieden, dass ihre beiden Brüder Irfan (24) und Ferit Tören (20) die Tat ausführen sollten.

Die beiden Brüder kamen nach Istanbul und wollten sie nach eigenen Angaben mit nach Hause nehmen. Auf dem Weg zum Busbahnhof schoss Ferit aus dem Hinterhalt auf die eigene Schwester. Sie überlebte die Tat und befand sich zum Zeitpunkt des zweiten Mordversuchs im Krankenhaus. Obwohl eine Polizeiwache vor ihrem Krankenhauszimmer postiert war, konnte ihr Bruder Irfan zu ihr durchkommen. Am Krankenbett schoss Irfan einmal auf den Kopf seiner Schwester. Ferit Tören bekam eine lebenslängliche Haftstrafe und Irfan Tören eine Strafe von 14 Jahren. Aufgrund ihrer gezeigten Reue vor dem Gericht wurde ihre Strafe auf 11 Jahre reduziert (vgl. Farac, 2004: 19f.).

Das Ehrverbrechen an Semse Kaynak

Am 15.02.1998 wurde Semse Kaynak von ihrem Bruder und ihrem Vater mit dem Traktor überfahren, weil sie infolge einer Vergewaltigung schwanger wurde (Farac, 2004: 138). Ihr Bruder leugnete zunächst die Tat, die er wie einen Unfall aussehen lassen wollte. Alle weiteren Zeugen bestätigten, dass es ein Unfall gewesen sei und Semse seit einer Woche bei ihren Eltern leben würde, weil sie Probleme in ihrer Ehe mit Salih, dem Sohn ihres Onkels, gehabt habe. Ein anonymer Anrufer bei der Polizei dagegen gab an, dass Semse das Opfer eines Ehrverbrechens geworden sei. Bei der zweiten Vernehmung bekannten sich die Befragten schuldig. Ihr Bruder machte folgende Aussage bei der Polizei:

> *„Es war Dezember 1997. Semse war ledig, doch als ihr Bauch immer mehr wuchs, wurden wir misstrauisch. Als wir sie zum Arzt brachten, bestätigte der Arzt, dass sie im vierten Monat schwanger sei. Daheim redeten wir mit ihr. Sie berichtete, dass Salih, der Sohn unseres Onkels, sie vergewaltigt habe. Daraufhin redeten wir mit Salihs Vater. Salih gab die Tat zu und war bereit, Semse zu heiraten. Dann heirateten beide. Ich schlug beiden vor, das Dorf zu verlassen, weil alle mitbekamen, dass Semse vor der Ehe schwanger geworden war. Ich*

wollte, dass Semse abtreibt und habe sie deshalb zum Arzt gefahren. Doch der Arzt wollte die Abtreibung nicht vornehmen, weil das unge- borene Baby sehr groß war. Alles wurde schlimmer, als Salih in der Öffentlichkeit leugnete, der Vater des ungeborenen Kindes zu sein. Wir haben Semse wieder zu Seite genommen und sie gefragt, von wem sie schwanger ist. Sie versicherte uns, dass es Salih war. Wir sagten ihr, dass sie die Schande unserer Familie wäre und dass wir sie umbringen würden. Wir beschlossen sie mit dem Traktor zu überfahren und es so aussehen zu lassen, als wäre es ein Unfall. Als wir mit Semse auf dem Traktor fuhren, warf sie sich vor die Räder, weil sie wusste, dass wir sie umbringen wollten. Alles ist passiert, weil Salih Semses Schwan- gerschaft verleugnete."

Beide Fälle sind besonders dramatisch, weil beide, obwohl sie Opfer einer Verge- waltigung waren, für das Verbrechen und dessen Konsequenzen verantwortlich gemacht wurden. Bei den Ursachen spielen neben psychologischen Faktoren ins- besondere die Tolerierung dieser Verbrechen durch die Gesellschaft, der Druck des sozialen Umfeldes bei der Tatausführung, die patriarchalische Struktur der türkischen Gesellschaft und die daraus resultierende Unterdrückung der Frauen eine große Rolle.

Ein an der Frau verursachtes Unrecht durch Vergewaltigung wird zu keinem Zeitpunkt thematisiert. Es geht nicht darum, ob sie Opfer ist, es genügt, dass durch sie die Ehre beschmutzt wurde. Die Frage nach der Gerechtigkeit der Handlung spielt keine Rolle. Daher kann ihr Unrecht oder der Wille zur Tat unterstellt wer- den:

„Ich finde, dass bei einer Vergewaltigung nicht nur der Mann Schuld hat, die Frau hat auch Schuld, sie hat bestimmt etwas gemacht, vor allem hat sie es darauf ankommen lassen. Wenn sie heiraten, dann ist das kein Problem, aber ansonsten wird es zum Problem. Also, ich sage, dass es nicht einseitig sein kann, ich finde die Frau ist eher schuld daran." (Salih, 33 Jahre, Konya)

Die traditionell ländliche Gesellschaft, insbesondere die dazu gehörenden männli- chen Individuen sind der Ansicht, dass die physische Beschaffenheit der Frau für die Männer eine große Anziehung und Begierde darstellt, mit der die Frau einen Mann jederzeit verführen kann. Die Frauen werden hierbei als sexuelle Gefahren personifiziert und dementsprechend aus der Öffentlichkeit verbannt, da sie die Männer vom Pfad der Selbstbeherrschung zerren könnten (vgl. Benard/ Schlaffer, 1995: 20f.). Der Mann ist den sexuellen Reizen der Frau ausgeliefert und ist dagegen machtlos, so jedenfalls ist die Überzeugung der befragten Männer. Damit stellt die Frau in ihrer ganzen biologischen Existenz eine potentielle Gefahr für die Ehre des Mannes dar. Die körperlichen Reize werden von Männern zugleich als Zeichen der weiblichen Macht und Stärke verstanden. In Fällen einer außerehelichen Sexualität – auch wenn es Vergewaltigung ist – wird die Hauptschuld zumeist den Frauen gegeben, da sie durch ihre weiblichen körperlichen Reize das Böse auf sich gezogen haben (vgl. Böhmecke, 2004: 19). Die Antwort auf die Schuldfrage wird insbesondere in Form von Sprichwörtern gegeben:

„Also entschuldigung, aber, wenn die Hündin nicht mit ihren Reizen spielen würde, so würde der Rüde gar nicht Mut aufbringen, auf sie zu zugehen." (Yasin, 37 Jahre, Kars)

„Wenn die Hündin nicht mit dem Schwanz wedeln würde, so würde der Rüde ihr nicht nachgehen." (Salih, 33 Jahre, Konya)

Eine Frau, die durch einen Mann körperlich verunreinigt wurde, kann niemals wieder ihren ursprünglichen reinen Zustand zurückerlangen. Selbst eine rituelle Waschung sowie alles Gold und Silber der Welt scheint bei solch einer Verunreinigung nach gesellschaftlicher Konstruktion wirkungslos zu sein, es sei denn, sie heiratet ihren Peiniger (vgl. United Nation Development, 2003: 30):

„Wenn sie einmal beschmutzt ist, kann kein Wasser der Welt sie wieder reinigen. Wenn die Frau einmal ihre Ehre verloren hat und wenn man das gehört hat, dann ist sie nichts mehr wert. Entweder muss sie ihn heiraten oder niemand schaut sie mehr an. Sie ist dann einfach ehrlos." (Mesut, 34 Jahre, Konya)

„Selbst wenn alles Gold und Silber der Welt gesammelt würde, wäre es nicht denkbar, dass sich eine Frau von solch einem Schmutz reinwäscht. Auch wenn sie dabei keine Schuld hat, ihre Ehre hat sie trotzdem verloren, niemand würde sie für unschuldig halten. Um ihre Ehre zu retten, müsste sie heiraten und das kann sie nur, wenn sie ledig ist.

Ist sie aber verheiratet, dann gibt es nichts was sie retten kann."
(Murat, 42 Jahre, Siirt)

An diesen Aussagen der Interviewpartner ist deutlich zu erkennen, dass die Möglichkeit der Heirat nur für unverheiratete Frauen existiert. Eine verheiratete Frau kann in diesem Fall ihre beschmutzte weibliche Ehre nicht wiederherstellen (vgl. König, 1989: 276). Während dem Mann immer die Möglichkeit offensteht, seine verletzte Ehre wiederherzustellen, worauf im Folgenden eingegangen wird, ist dies für Frauen aktiv nicht möglich und für verheiratete Frauen gänzlich ausgeschlossen.

5.3   Die Wiederherstellung der Ehre und die Rolle des sozialen Umfelds

Wie beschrieben, bezieht sich die Ehre der Männer in diesem Kulturkreis hauptsächlich auf das schamhafte Verhalten der weiblichen Familienmitglieder. Der untadelige Ruf einer Frau muss also zu allen Zeiten gewahrt werden, vor allem in Bezug auf ihr sexuelles Verhalten.

In Anbetracht der Tatsache, dass der weibliche Körper als eine starke Attraktion für das männliche Geschlecht gesehen wird und zugleich die Penetration einer Frau eine potentielle Ehrbeschmutzung bedeutet, muss der weibliche Körper bzw. die weiblichen Familienmitglieder ständig überwacht und beschützt werden (vgl. Toprak 2005: 73).

> *„Wenn die Frau ihre Tugend verliert, dann ist diese Frau keinen Pfifferling mehr wert. Niemand würde sie auch nur anschauen. Eben aus diesem Grund beschütze ich meine Tugend ziemlich gut. (...) Was ich mache? Also, sie dürfen sich nicht sehr frei bewegen, darauf achte ich sehr. Ich achte darauf, dass sie sich anständig kleiden und auch anständig verhalten. Damit meine ich, dass sie nicht überall hingehen dürfen, z. B. in ein Cafe oder so, weil man weiss ja, was da alles so abläuft. Und so mit Jungs reden oder was weiss ich, herumtun, dass kommt sowieso nicht in Frage. Ich meine, nicht dass ich meinen Töchtern nicht traue, aber der Umgebung trau ich einfach nicht. Das muss man schon so machen, weil sonst kann man die Ehre sehr schnell verlieren, man würde dann kein Ansehen mehr haben."* (Murat, 42 Jahre, Siirt)

Aufgrund der ständigen Gefahr einer Ehrbeschmutzung durch die weiblichen Familienmitglieder reicht die Kontrolle nicht immer aus. Daher müssen neben der Kontrolle zusätzliche Präventionsmaßnahmen, wie z.B. nicht rausgehen dürfen oder mit fremden Männern nicht reden dürfen, getroffen werden. „Der Mann muss nicht nur stets diese Ehre, seinen guten Namen verteidigen, sondern er muss mögliche Gefährdungen schon voraussehen und ihnen vorbeugen" (Matter 1992: 96).

Ist es aber nun zu einem unehrenhaften Verhalten der Frau gekommen, das der Öffentlichkeit, bzw. dem familiären Umfeld bekannt geworden ist, so ist die Familienehre, insbesondere die des Mannes, in Gefahr. Der Mann glaubt sich aufgrund des bestehenden Ehrenkodex seines Umfeldes in seiner Ehre verletzt (vgl. Schami 2004: 5). Die Frau ist die Schuldige, sogar, wenn sie vergewaltigt wurde. Diese Situation, legitimiert für viele Männer die „präventive" Gewaltanwendung an ihren Frauen, weil sie sich davon moralisch angegriffen fühlen (vgl. Katz, 1988: 5f.):

„Nicht nur meine Frau, ich würde auch meine Mutter umbringen bei so einer Schande. Niemand könnte das akzeptieren. Schau, alles kann man runterschlucken, alles wäre hinzunehmen, bei so etwas kann ein Mann nicht einfach so hinnehmen." (Mesut, 34 Jahre, Konya)

Diese Einstellung ist damit zu begründen, dass die Männer sehr stark und selbstverständlich in die Rolle als Beschützer der Ehre hineinerzogen werden (vgl. Pfluger-Schindlbeck, 1989: 160- 161) und deshalb das Unrechtsbewusstsein in Bezug auf Gewalttätigkeiten wegen der Ehre – auch wenn es die eigene Mutter betrifft – nicht ausgeprägt ist (vgl. Toprak 2007: 146).

Ehre scheint einen äußerst hohen Wert zu besitzen, wenn nicht gar den höchsten. Sie wird höher als ein Menschenleben bewertet, denn ohne Ehre glaubt ein Mann in diesem Kontext nicht existieren zu können, da meist andere Ressourcen wie eine hohe Bildung etc. nicht zur Verfügung stehen (vgl. Messerschmidt, 1986: 5). Diese Ehre und die eigene Dominanz müssen unter allen Umständen verteidigt werden, das Leben einer „unehrenhaften" Frau erscheint demgegenüber nur von untergeordneter Bedeutung, wie dies die Aussage des Interviewpartners Salih bestätigt:

„Wenn meine Frau mich betrügen sollte, dann muss entweder ich sie umbringen oder ihre Familie. Man kann doch so etwas nicht hinneh-

men. Was würde man denn sagen? Man kann also nicht die Hände einfach in den Schoss legen und sitzen. Wenn die Frau so etwas gemacht hat, dann finde ich soll sie sterben. Was soll sie da noch leben? Sie hat ihren Mann, die ganze Familie in den Dreck gezogen." (Salih, 33 Jahre, Konya)

Er empfindet das Verhalten der Frau als Angriff auf seine Moral und hat deshalb das Gefühl, dass seine Ehre nur durch ihren Tod wiederhergestellt werden kann (vgl. Katz, 1988: 19).

In der ländlichen Türkei ist der für das Selbstverständnis zentrale Gedanke der Familienehre eng verknüpft mit sexueller Symbolik. Zum einen verdichtet sich der Gedanke der Ehre in der sexuellen Integrität der Frauen. Sie verkörpern in einem sehr wörtlich zu nehmenden Sinn die Familienehre. Deshalb ist in der ländlichen Türkei die außereheliche sexuelle Beziehung der Frau die schlimmste Demütigung, die man ihrem Mann, Vater oder Bruder zufügen kann – eine Demütigung, die nur durch das Töten der Schuldigen gut gemacht werden kann (vgl. Sykes/ Matza, 1957; Katz, 1988: 5f.), was in der Aussage des Interviewpartners Rifat deutlich zum Vorschein kommt.

„Also, eine Ehrenangelegenheit kann nur durch Tötung reingewaschen werden. Man weiss auch, mit welchen Mitteln man das macht. Die Form ist zwar dieselbe, aber die Mittel sind anders. Letztendlich kann nur Blut das Blut reinigen. Wenn du das nicht machst, dann lebst du ohne Ehre, dann bist du ein Mann ohne Ehre." (Rifat, 37 Jahre, Siirt)

Da die Ehre zu einem großen Teil auf der körperlichen Unversehrtheit der Frauen der Familie beruht, kann die Ehre nur durch den Blutverlust des „mutmaßlichen Schuldigen" reingewaschen werden (Schami 2004: 12). Verhalten sich die Frauen unehrenhaft, müssen die Männer zur Wiedergutmachung oder zur Wiederherstellung der Ehre ihre Stärke durch Gewalt demonstrieren. Wer die Ehre mindern lässt, ohne sie und sich zu verteidigen, verliert die Ehre (vgl. Gutlandin 1989: 8).

Das bedeutet, dass nicht die Tatsache einer Demütigung seiner Ehre den Mann ehrlos macht, sondern seine Passivität bzw. Handlungslosigkeit. Die Passivität des Mannes führt solange zu einer Ehrverletzung, bis die erwartete Handlung eintritt. Nach dieser Konstruktion verliert der Mann die Ehre nicht, weil ihm unabhängig von der Zeit die Möglichkeit eingeräumt wird, die entsprechenden notwendigen

Maßnahmen zu treffen. Solange von ihm keine Reaktion kommt, befindet sich seine Ehre – auch die der Familie – im verletzten und in Extremfällen im beschmutzten Zustand (vgl. Schiffauer 1983: 65), der früher oder später gereinigt werden muss.

In diesem Sinne kann der Ehrbegriff nicht isoliert vom sozialen Umfeld der jeweiligen Familie betrachtet werden (vgl. Baumeister, 2007: 46f.). Ihm kommt vielmehr das ausschlaggebende Moment bei Ehrverletzungen zu (vgl. Özkara 1988: 29). Erst dann, wenn die Ehrverletzung publik wird, bleibt dem Mann nichts anderes mehr übrig, als die Ehre demonstrativ und für das soziale Umfeld sichtbar wieder herzustellen, um vor diesem nicht als ehrlos zu gelten (vgl. Katz, 1988: 23f). Der Interviewpartner Salih beschreibt den Druck der Familie, Verwandten und Bekannten folgenderweise:

„Meine Schwester ist einpaar Mal von daheim abgehauen, zwar nicht so richtig abgehauen, sondern hat bei ihren Freundinnen übernachtet und sie sind zusammen fortgegangen. Da das meine Familie, vor allem meine Mutter, belastet hat, habe ich sie einpaar Mal geschlagen und hab ihr es verboten rauszugehen. Wenn mein Vater noch leben würde, dann würde er das machen, aber da ich der einzige Sohn bin, habe ich es gemacht, weil man es halt von mir erwartet. Dann bin ich zum Militär gegangen. Sie soll dann in der Zeit ständig weggegangen sein. Dann hat meine Mutter mich im Militär angerufen und hat gesagt, dass ich kommen soll und sie zur Vernunft bringen soll, sie könnten wegen ihr niemanden mehr ins Gesicht sehen, sie hätte sie in Schande gebracht. (...) Ich bin halt verrückt geworden, einerseits bin ich im Militärdienst, kannst nicht fort, aber kannst auch nicht so sitzen. Also, es ist so, bei uns dort fängt man sofort an zu reden, es wird sofort über dich hergezogen. Mein Cousar hat auch gesagt, dass die Leute reden und sich über mich lustig machen. Ich hab dann Urlaub gehabt und bin dann sofort nach Hause gefahren. Ich hab sie dann sofort gefunden, sie war mit ihren Freundinnen im Internetcafe. Ich hab sie dann gleich dort geschlagen, bis zu unserer Haustüre. So richtig heftig habe ich sie geschlagen, ihre Nase und ihr Mund war voll Blut. Das hab ich auch absichtlich so gemacht, damit die Leute nicht mehr reden, weil sonst redet jeder und zieht über dich her. Die Leute haben dann gesagt, also, so die Verwandten und Nachbarn, dass ich das gut gemacht habe und dass das so richtig war.“ (Salih, 33 Jahre, Konya)

Wie deutlich zu erkennen ist, wurde der Interviewpartner Salih in diese Situation gebracht, die Gewalt an seiner Schwester entzieht sich damit seinem eigenen Einfluss. Auch hier sei wieder ein Hinweis darauf gegeben, wie sehr das Individuum in Familien- und Sozialstrukturen eingefasst ist. Es selbst hat nur sehr wenige persönliche Handlungsmöglichkeiten. Ganz ähnlich ebenfalls der Interviewpartner Rifat, der zum Druck des sozialen Umfeldes sagte:

> *„Bei Ehrangelegenheiten muss man einfach sehr empfindlich reagieren. (...) Also, wenn meine Frau oder meine Tochter oder auch meine Mutter was unehrenhaftes machen würde, dann würde ich alles machen um unsere Familienehre zu retten. Also, alles was einem so einfällt, weil man nur für die Ehre lebt und wenn es sein muss, tötet man auch für die Ehre, weil das geht nicht anders. Die Leute würden dich sonst verachten, sie würden reden, dass du deine Frau oder Tochter oder auch Schwester zu unzüchtigem Verhalten ermutigst. Also, das Gerede würde gar nicht mehr aufhören. Ein Mann kann das nicht so einfach zulassen, es ist nämlich seine Existenz, sonst würde man den Mann nur hänseln[71]. Nicht nur die Leute draußen, auch die eigene Familie, also, unsere Verwandten und so würden nichts mehr mit einem was zu tun haben wollen. Man ist eben nicht einfach auf sich allein gestellt, es ist nun mal so."* (Rifat, 37 Jahre, Siirt)

Es zeigt sich, dass die Männer die Wiederherstellung der Ehre als eine Notwendigkeit betrachten (vgl. Sykes/Matza, 1957). Interessant dabei ist, dass die Ehre erst durch das Außen, das Umfeld der Familie, einen derartig hohen Wert erlangt. Die Angst besteht also nicht so sehr darin, sich selbst als ehrlos zu sehen, sondern vom Umfeld so gesehen zu werden, was Katz damit begründet, dass insbesondere dann, wenn die Tat in der Öffentlichkeit geschieht, die Täter das Gefühl hätten, dass sie der Situation nicht entfliehen könnten, ohne gewalttätig zu werden (Katz, 1988: 5f.).

---

[71] Beim Verlust der Ehre geht es nicht nur um die Reputation, um den Ruf und den Status. Der oder die Ehrlose gerät häufig in die Rolle eines freien Vogels. Untersuchungen in der Türkei haben ergeben, dass Männer bzw. Väter oder Brüder von als ehrlos abgestempelten Frauen, Töchtern oder Schwestern viel häufiger angegriffen und in Querelen hineingezogen werden, als ehrbare Männer. Siehe dazu Petersen, A., 1985: Ehre und Scham. Das Verhältnis der Geschlechter in der Türkei, Berlin, Express Verlag.

Bei Unterlassung der ehrbereinigten Tat sind die Konsequenzen für den Mann unerträglich. Die Frage, ob sich der Befragte tatsächlich degradiert und verletzt fühlt ist unwichtig. Der Mann übt Vergeltung aus (vgl. Sykes/Matza, 1957), weil die Anderen dies von ihm erwarten, das heißt, weil die Fremdsteuerung, der Fremdzwang ihn dazu verpflichtet (vgl. Kürsat 2002: 5). Er kann nicht mehr wählen, ob er mit Aggression oder Nichtaggression reagieren will. Die Ehre (*namus*) verlangt von einem Mann die Bereitschaft zu aggressivem Verhalten (vgl. Katz, 1988: 19; Schiffauer 1992: 148).

Es gibt in diesem Sinne keine persönliche Ehre, die unabhängig von der kollektiven Ehre existiert, sie ist durch die Gesellschaft begründet und von ihr ableitbar. Daher ist der Druck auch auf die männlichen Familienmitglieder sehr groß. Auch sie müssen sich rollenkonform verhalten und Stärke und Dominanz beweisen, wenn die Ehre verletzt wurde. Die Männer haben es zu verantworten, wenn aufgrund eines unterlassenen Verhaltens zur Wiederherstellung der Ehre die Familie unter massiven Statusverlusten leidet, da sie als Beschützer der Familienehre gelten (vgl. Internationales Zentrum für Menschenrechte 2003: 15). Dem folgend kann in Anlehnung an Katz betont werden, dass Gewalt im Namen der Ehre von der Familie und der Gesellschaft meist nicht als Gewalt im eigentlichen Sinne beurteilt wird, sondern vielmehr als Pflicht, als Wiederherstellung des frühen Status, als Wiedergutmachung für den zuvor entstandenen „Schaden der Verletzung der Ehre[72]. Dies hat zur Folge, dass Männer die im Namen der Ehre Gewalt ausgeübt haben, nicht nur von der betreffenden Familie, sondern auch vom näheren Umfeld als Held gefeiert werden (vgl. Toprak 2007: 163).

Festzuhalten ist, dass der Bereich der Ehre dem Bereich eines Wettbewerbs um Anerkennung entspricht. Diese Zeichen konstituieren bestimmte Anerkennungsverhältnisse in einer Gesellschaft. Somit stellt die Ehre einen sozialen Ordnungsfaktor dar. Ein Bild vom „richtigen Leben" wird vermittelt. Wer sich nicht danach richtet, muss mit sozialem Ausschluss rechnen. In diesem Sinne sind die Männer, nicht nur Täter, sondern unmittelbar auch Opfer, da sie dazu angehalten werden, als Mann diese Art von Dominanz zu zeigen.

6. Resümee und Ausblick

Das Anliegen dieser Studie bestand darin, konservative Vorstellungen türkischer Männer, die im Namen der Ehre Gewalt ausgeübt haben, über das Verhältnis der Geschlechter, über innerfamiliäre Gewaltpraxis und Geschlechterehre zu rekonstruieren. Bei der Auswahl der Interviewpartner war diese inhaltliche Zielsetzung leitend.

Die Untersuchungsergebnisse erheben zwar keinen Anspruch auf einen repräsentativen Charakter, aber die Interviews zeigen einmal mehr, dass der Ehrbegriff Auswirkungen auf unterschiedliche Lebensbereiche hat und auch umgekehrt stets in deren Kontext gesetzt werden muss. Gewalt im Namen der Ehre sollte immer vor diesem komplexen Hintergrund gesehen werden.

Die hier aufgeführten Bereiche der Vorstellung von Geschlechterbeziehungen, das Verständnis von Ehre und nicht zuletzt der Rolle des sozialen Umfeldes können als Anhaltspunkte verstanden werden, inwieweit Männer, die vorgeben, eine Tat im Namen der Ehre begangen zu haben, von traditionellen Wertvorstellungen und dem Ehrenkonzept geprägt sind.

Die vorliegende Arbeit konnte deutlich zeugen, dass die befragten Männer die Ehre eng mit der weiblichen Sexualität verbinden, die verloren gehen kann und somit – vor allem durch die männlichen Familienmitglieder – geschützt werden muss. Bei einem von den patriarchalischen Normen abweichenden Verhalten wird die Frau eines Verbrechens schuldig betrachtet. Selbst bei einer Vergewaltigung wird die Schuld zunächst der Frau angelastet und unterstellt, es habe die Täterhandlung herausgefordert. Weiter wurde deutlich, dass in direkter Folge eine solche „Beschmutzung der Ehre" dem Mann zur Last gelegt und zum Vorwurf gemacht wird.

Zusätzlich spielen bei ehrbezogener Gewalt die traditionellen Rollenvorstellungen für Frauen und Männer sowie überholte religiöse Bräuche eine wichtige Rolle. Als Ursachen für die Unterdrückung der Frauen sind traditionelle und religiöse

---

[72] Dies stellt auch Safilios-Rothschild fest, indem sie schreibt: „In the light of traditional values, killing in defence of family honour was not considered to be a crime, it was, on contrary, a socially expected and approved behaviour." Safilios-Rothschild, 1969: 206.

Wertvorstellungen, das traditionelle Rollenverständnis, die patriarchalen Familienstrukturen, geringe Bildungschancen und die ökonomische Abhängigkeit der Frauen zu nennen.

Festgestellt wurde zudem, dass der Islam konservativ ausgelegt wird, um diskriminierende Handlungen gegenüber Frauen zu rechtfertigen. Betont werden muss aber, dass islamische Auslegungen, die insbesondere in der Türkei je nach Schicht, religiöser Zugehörigkeit und Ort stark voneinander differieren, nicht als die einzige Ursache, sondern als einer der möglichen Einflussfaktoren für das Auftreten von ehrbezogener Gewalt betrachtet werden sollten.

Es wird nicht verwundern, dass ehrbezogene Gewalttaten in Familien mit niedrigem Bildungsniveau weitaus häufiger verübt werden als in solchen mit akademischem Hintergrund. Der entscheidende Faktor bei Ehrverbrechen ist der geringe sozioökonomische Status der Beteiligten, für die die Ehre das wichtigste und oft einzige Sozialkapital darstellt und ihr dadurch ein überdimensionaler Wert zugeschrieben wird. Im Fall einer Verletzung ihrer Ehre versuchen die Männer durch die Gewalttat ihrem sozialen Tod, der sozialen Exklusion aus der Gesellschaft zu entgehen, da sie sich wegen fehlender anderer Ressourcen nur über ihre Ehre Zugehörigkeit definieren können.

Auch die hier befragten Männer stammen aus bildungsfernen Familien mit traditioneller Erziehung. Ihrem sozialen Status entsprechend ist die „Familienehre" das einzige, das sie mit Stolz erfüllen. Ohne die befragten Männer hier als Opfer zu stilisieren, wurde deutlich, dass es auch gesellschaftliche Anerkennung und mangelnde Bildung ist, die die Männer auf tradierte Werte zurückgreifen und sie überbetonen lassen. Es konnte deutlich veranschaulicht werden, dass bei den Ursachen neben psychologischen Faktoren insbesondere die schlechten sozioökonomischen Rahmenbedingungen, unter denen die meisten Männer, die im Namen der Ehre Gewalt ausgeübt haben, aufgewachsen sind oder leben, sowie ihr meist niedriger Bildungsstand, eine große Rolle spielen.

Die weitgehende gesellschaftliche Tolerierung dieser Gewalt, der soziale Druck, der die Männer zur Ausführung der Gewalt treibt, die patriarchalische Struktur der türkischen Gesellschaft und die daraus resultierende Unterdrückung der Frauen, insbesondere in dörflichen Kulturen, sind weitere, das Auftreten dieser Gewalt bestimmende Faktoren.

Nicht zuletzt werden auch die Männer, die eine ehrbezogene Gewalttat begangen haben, zu Opfern, insofern sie von einem absoluten Ehrenkodex in die Pflicht genommen werden und jede emotionale Regung zu unterdrücken gezwungen sind. Die befragten Männer haben angegeben, dass der Druck der Gesellschaft, der Verwandten und der eigenen Familie so groß ist, dass sie sich gezwungen sehen, im Namen der Ehre Gewalt auszuüben, um nicht ausgegrenzt zu werden. Sie glauben, keine gesellschaftlich anerkannte Alternative zu haben, als zur Gewalt zu greifen.

Es stellt sich nun die grundsätzliche Frage, welche gesellschaftlichen Änderungen herbeigeführt werden müssen, damit ehrbezogene Gewalt gesellschaftlich nicht mehr akzeptiert wird.

In vielen Ländern, in denen Verbrechen im Namen der Ehre vorkommen, gibt es Paragraphen, welche bei Gewalt aufgrund verletzter Ehre Strafmilderung zulassen. So war selbst in der Türkei bis zum Juni 2003 nach Artikel 462 des türkischen Strafrechtes der Beweis oder auch der Verdacht einer Untreue der Ehefrau eine Provokation zur Gewalt bzw. zum Mord. Diese wurde zwar im Zuge der „Europäisierung" abgeschafft[73], allerdings bleibt „Artikel 51 (2) des [alten] Strafgesetzbuchs, der eine Herabsetzung der Strafe bei Verbrechen vorsieht, welche z.B. wegen schwerer Provokation begangen wurden, (...) in Kraft und wird noch immer erfolgreich von den Tätern von Ehrverbrechen herangezogen, um für ein milderes Urteil zu plädieren. Die Strafe kann in solchen Fällen auf bis zu ein Drittel des ursprünglichen Strafmaßes gemildert werden" (vgl. Kirkland 2004: 24).

Das Leben der Frauen wird in der Praxis weiterhin mehr von religiösen Normen, sozial festgelegten Werten und Traditionen geprägt als von den neuen Gesetzen. Hinzu kommt, dass die Täter immer noch zu viel von der Akzeptanz und Toleranz der Ehrverbrechen profitieren und trotz gesetzlicher Reformen keine langen Haftstrafen erhalten. In der neuen Zivil- wie Strafgesetzgebung gibt es einige Regelungen, die geändert oder gänzlich abgeschafft werden müssten. Insbesondere Frauenrechtlerinnen und Anwälte setzen sich unter anderem dafür ein,

---

[73] Nach dem neuen türkischen Strafrecht können Personen, die ehrbezogene Gewalt begehen, zur lebenslänglicher Freiheitsstrafe verurteilt werden. Grundsätzlich ist festzuhalten, dass die neuen Gesetzesänderungen positiv zu beurteilen sind, da sie wiedergeben, dass die türkische Gesellschaft hinsichtlich der Ehrverbrechen sensibler geworden ist. Dennoch ist zu bezweifeln, ob die Gesetzesänderungen ohne den starken Einsatz der Frauenorganisationen wirklich durchgeführt worden wären. Unterstützend gewirkt haben sicherlich auch die Beitrittsbemühungen der Türkei in die Europäische Union.

dass Sexualdelikte nicht als Taten gegen die Familie, Sittlichkeit und die Gesellschaft, sondern als Taten gegen ein Individuum zu betrachten sind. In diesem Sinne fordert auch Yirmibesoglu, dass Ehrverbrechen als normale Gewaltdelikte und nicht als traditionell bedingte Gewalt in die Gesetzgebung aufgenommen werden sollten. Des Weiteren sollte der Schutz der Zeugen von Ehrverbrechen verbessert werden und der Familienrat, der als Anstifter gilt, mitbestraft werden. Die Fürsorgepflicht von Polizei und öffentlichen Instanzen gegenüber bedrohten Frauen sollte ebenso gesetzlich verankert werden.

Auch in Deutschland konnte der Täter bis noch vor wenigen Jahren auf Totschlag aufgrund einer kulturbedingten Tat hoffen. Nach § 211 I StGB wird zwar jeder Mörder mit lebenslanger Freiheitsstrafe bestraft, nach § 57 a StGB [40] ist jedoch eine erneute „Überprüfung" des Urteils nach 15 Jahren möglich. Nach dieser Frist kann der Verurteilte einen Antrag auf Aussetzung der Reststrafe zur Bewährung stellen. Einem Antrag auf Bewährung wird meistens stattgegeben. Wird die Tat von einem Jugendlichen, der das 18. Lebensjahr noch nicht vollendet hat, begangen, so muss das Jugendgerichtgesetz (JGG) angewendet werden. Dieses sieht laut § 18 II S. 2, JGG eine Freiheitsstrafe von höchstens 10 Jahren vor. Nach §§ 88 I, II JGG kann ein Jugendlicher den Antrag auf Aussetzung der Reststrafe zur Bewährung bereits stellen, wenn er ein Drittel der Strafe verbüßt hat.

Umso wichtiger ist es nun, klar zu stellen, dass Gewalttaten im Namen der Ehre keinerlei Strafmilderung oder Aussetzung der Reststrafe zur Bewährung zur Folge hat. Die Möglichkeiten der Gesetzgebung müssen zu einem totalen Kampf dagegen entwickelt werden, um Frauen vor Gewalt aller Art zu schützen. Denn vor allem Gewalt im Namen der Ehre verdient keinen mildernden Umstand und Täter sollten keine Strafminderung aus religiösen oder traditionell bedingten Gründen erhalten. Jeder Mensch muss sich jeder Zeit der Folgen und der Moralität seines Handelns und damit auch der Amoralität einer Tötung bewusst sein (vgl. Vogel 1989: 97 ff.). In solchen Fällen sollte auch nicht nur der Ausführende verurteilt werden – da die Täter meist zu der Tat angestiftet werden und meist Minderjährige wegen geringer Strafe ausgesucht werden – sondern die gesamte, durch Beschluss, Planung, Anstiftung, Verdeckung und Beihilfe zur Ausführung beteiligte Familie. Die Strafprozessordnung muss gerade bei ehrbezogenen Gewalttaten strenger durchgreifen. Des Weiteren müssen auch die anderen weiblichen Mitglieder der Familie des Opfers im Auge behalten werden, da ihnen das Gleiche in der Zukunft widerfahren kann. Die Richter, die Polizei und die Gerichtsmediziner sollten für diese Gewalttaten sensibilisiert und die Organisationen, die gegen diese Gewalttaten kämpfen, auch unterstützt werden.

Bewusst muss man sich aber auch darüber sein, dass allein mit strengsten Strafen nicht viel erreicht werden kann, wenn die Existenzverhältnisse oder das Rollenverständnis dieser Menschen als Mann und Frau nicht von Grund auf verändert werden. Dieses Verhältnis oder Verständnis kann man nicht so stark durch die Strafe kanalisieren, wenn diese Werte zum Lebenssinn geworden sind. Den Ergebnissen des vorliegenden Beitrags zufolge, muss ein weiterer wichtiger Schritt in der Aufklärung liegen.

Es ist deutlich geworden, dass alle der hier befragten Männer sich über die Auswirkungen sowohl physischer als auch psychischer Gewalt nicht bewusst sind und ein äußerst konservatives Rollenverständnis haben. Da sie sehr stark und selbstverständlich in diese Rolle hineinerzogen werden, ist das Unrechtsbewusstsein in Bezug auf Gewalttätigkeit nicht ausgeprägt. Patriarchale Werte und Normen der Eltern werden wegen mangelnder Kenntnis, was auch mit den geringen Bildungsabschlüssen zusammenhängt, nicht hinterfragt. Demnach soll das Thema der Gewaltanwendung gegen Frauen vor allem in Moschee- oder Kulturvereinen, in Kaffeehäusern, überall dort, wo eine Großzahl von Männern beschäftigt wird, besonders behandelt werden, um im Bewusstsein der Männer eine positive Veränderung in der Sache der Gewaltanwendung gegen Frauen bewirken.

Zu diesem Zweck sollten schon in der Schule Erziehungsprogramme entwickelt werden, die die Individuen veranlassen, sich positive Verhaltensweisen anzueignen, um Wut und Aggressivität zu beherrschen und gesunde Beziehungen sowie Kommunikationstechniken zu Mitmenschen zu entwickeln. Die Bildung der Schüler sollte unter dem Aspekt der Gleichberechtigung der Geschlechter erfolgen und Klischees oder Stereotypenbildung sollten vermieden werden. Junge Mädchen sollten in der Schule über ihre Rechte aufgeklärt werden und über Möglichkeiten erfahren, wie sie sich der Gewalt, die im Namen der Ehre geschieht, entziehen können. Es sollten speziell ausgebildete AnsprechpartnerInnen in der Schule sein, an die sich die Mädchen wenden können. Vor allem die Aufklärung der männlichen Jugendlichen sollte ebenfalls angestrebt werden, da sie sich meist als Bewacher ihrer Schwestern sehen und ihre Familienehre notfalls auch mit Gewalt durchsetzen.

Von besonderer Bedeutung wäre es auch, wenn Mitarbeiter oder Leiter muslimischer Verbände oder Imame von Moscheen zu diesem Thema ausgebildet werden und ehrbezogene Gewalt öffentlich und nachdrücklich als unislamisch verurteilen, in dem sie gegen diese Praxis aus der islamischen Überlieferung Begründungen hervorbringen. Die Angehörigen der sozial schwachen Schichten stellen neben ihrer Ehre die islamische Glaubenszugehörigkeit als wichtigstes soziales Kapital in das Zentrum ihrer Weltanschauungen. Aufgrund ökonomischer und sozialer Missstände suchen diese Menschen Halt in ihrer Religion. Daher kommt den religiösen Gelehrten eine zentrale Bedeutung bei dem Kampf gegen diese Gewalttaten zu, weil sie die Macht haben, die Betroffenen zu erreichen und sie von der Sinnlosigkeit dieser Gewalt zu überzeugen. Anzunehmen ist, dass vor allem religiöse Gelehrte streng gläubige Menschen von der Sinnlosigkeit dieser Gewalt überzeugen können. Sowohl religiöse Führungskräfte als auch Ämter sind für Betroffene gut zu erreichen, da sie in der Regel auch Zugang zu den Familien besitzen und qua ihres Amtes auch die moralische Autorität, im Vorfeld eingreifen zu können. In diesem Kontext ist auf die Veröffentlichung von 10.000 Broschüren zum Fatwa[74] über die Sinnlosigkeit der Gewalt mit dem Titel „Allahin Saheseri Insan" (Der Mensch als Gottes Werk) in Batman hinzuweisen. Auch positiv zu beurteilen ist die Schrift „Über Ehre und Keuschheit" des Ministeriums für religiöse Angelegenheiten. In der Schrift wird betont, dass Keuschheit und Sexualität im Rahmen der gesellschaftlich vorgeschriebenen Normen ausgelebt werden sollte. Wenn man sich nach den religiösen Werten richtet und in diesem Rahmen seine Sexualität auslebt, kann man so am besten seine Ehre verteidigen. Dies würde sich auf beide Geschlechter beziehen und nicht nur auf die Frauen. Zudem verurteilt diese Schrift alle, die sich selbst anmaßen, über die Ehre einer anderen Person zu bestimmen und sie im Fall der Ehrlosigkeit zu töten (vgl. Yirmibesoglu, 2005: 117). Zu kritisieren wäre hierbei, dass nur das Ausleben der Sexualität im Rahmen einer Ehe als ehrenhaft betrachtet wird.

Für bedrohte Personen sollten spezifische Beratungsangebote und Zufluchtsstätten geschaffen und eine ausreichende Anzahl von Frauenhäusern sowie

---

[74] Eine Fatwa ist ein islamischer Rechtsgutachten, das in Anlehnung an islamische Quellen wie der Koran zu einem speziellen Thema herausgegeben wird (vgl. Ünsal, 1999: 45).

S.O.S.-Telefonhotlines eingerichtet werden und die existierenden Beratungsstellen besser vom Staat unterstützt werden.

Ein weiterer Schritt wäre neben Frauenhäusern, welche prinzipiell Frauen mit Gewalterfahrungen offen stehen, auch Anlaufstellen für Männer zu schaffen, die Unterstützung und Beratung benötigen, wenn sie von ihren Familien unter Druck gesetzt werden, im Namen der Ehre Gewalt auszuüben. Diese Männer sind meistens auf sich allein gestellt. Ohne Hilfe bleibt ihnen meist nichts anderes übrig, als im Sinne der Familie zu handeln und Gewalt anzuwenden.

Da man die Bekämpfung der Gewalt im Namen der Ehre, die Einstellung der Betroffenen sowie die traditionellen Werte nicht schnell verändern kann, sollten all die hier erwähnten Maßnahmen miteinander kombiniert werden, um eine mittel- bis langfristige Veränderung zu bewirken. Die Kooperation unterschiedlicher gesellschaftlicher Institutionen, Ämter und Berufsgruppen sind unabdingbar, um effektiv gegen Gewalt im Namen der Ehre vorzugehen.

Ehrbezogene Gewalttaten sind weniger an eine Religion oder Region als vielmehr an traditionelle Vorstellungen von Geschlechterrollen geknüpft. Diese Verknüpfung spiegelt ein patriarchalisches Weltbild mit vorherrschenden Männlichkeitsnormen wieder, welche Gewalt durchaus als ein legitimes Mittel sehen, Ehre zu bewahren. Dieses Weltbild hat eine lange Kultur aufzuweisen, weshalb diese Thematik in Zukunft nach einer intensiven Auseinandersetzung verlangt und sich vermehrt zu einem Thema der Wissenschaft entwickeln muss. Denn eines zeichnet sich heute bereits ab: Wenn nichts getan wird, droht diese Problematik sich noch zu verschärfen.

Die vorliegende Arbeit hat sich zum Ziel gemacht, zum besseren Verständnis der Perspektive von Männern, die im Namen der Ehre Gewalt ausgeübt haben, beizutragen. Für diesen besonderen Themenbereich muss hervorgehoben werden, dass die Auseinandersetzung mit ehrbezogener Gewalt mit dieser Arbeit nicht abgeschlossen sein kann. Die Sichtweisen der Männer, die im Namen der Ehre Gewalt ausgeübt haben, über Ehre, Ehrverletzung und die Wiederherstellung der Ehre, die in dieser Arbeit untersucht worden sind, bedürfen einer weiteren Ergänzung durch zusätzliche Studien. In diesem Sinne könnte die Polizei oder Anwälte, die einen leichten Zugang zu den Tätern haben, gezielte Täterumfragen in den Gefängnissen durchführen, um mehr über den biografischen Hintergrund der Täter zu erfahren. Auch die Hinterbliebenen der Opfer könnten über die genauen

Lebensumstände des Opfers und auch des Täters befragt werden. Opfer von ehrbezogener Gewalt könnten aussagekräftige Angaben über die Motive der Täter und ihrer spezifischen Lebensumstände machen. Auch genauere Studien über die religiöse Zugehörigkeit der Täter sind wichtig, um die Verbindung zwischen islamischen Grundsätzen und der Rechtfertigung dieser Gewalt durch den Islam durch einige Täter zu hinterfragen[75].

Es bleibt zu hoffen, dass Gewalt im Namen der Ehre durch die enge Zusammenarbeit aller gesellschaftlicher Bereiche zur Vergangenheit der menschlichen Geschichte angehören wird.

---

[75] In diesem Kontext werden insbesondere die Arbeiten von Necla Kelek als polarisierend und einseitig empfunden, da sie die Komplexität der türkischen Kultur sowie der Ehrverbrechen nicht wiedergeben. Den Islam als die wichtigste Ursache beim Auftreten dieser Verbrechen darzustellen, tragen zur Entstehung einer nicht zutreffenden Sichtweise bei Lesern bei. Im Gegensatz zu Keleks Untersuchungen sind die Arbeiten von Schiffauer, Baumeister und die Untersuchungen von Terre des Femmes sowie BKA bezüglich dieser Thematik als die wichtigsten Arbeiten im deutschsprachigem Raum zu bezeichnen, da sie die Komplexität dieser Gewalt sehr gut wiedergeben.

Literaturverzeichnis

Araji, S. (2007): Crimes of Honour and Shame: Violence against Women in Non-Western and Western Societies. URL: http://critcrim.org/redfeather/journal-pomocrim/vol-8-shaming/araji.html. Zugriff am 20.05.2007.

Ates, S. (2005): Große Reise ins Feuer. Berlin: Rowohlt.

Amnesty International (1988): Frauen in Aktion – Frauen in Gefahr. Bonn: Fischer.

Die Ausländerbeauftragte des Senats von Berlin in Zusammenarbeit mit dem Paritätischen Bildungswerk (1988): Die Ehre der türkischen Kultur – Ein Wertesystem im Wandel. Berlin.

Baumeister, W. (2007): Ehrenmorde – Blutrache und ähnliche Delinquenz in der Praxis bundesdeutscher Strafjustiz. Münster: Waxmann.

Benard, C./Schlaffer, E. (1995): Die Grenzen des Geschlechts – Anleitungen zum Sturz des internationalen Patriarchats. Frankfurt a. M.: Rowohlt.

Bläser, F. (2004): Hennamond. Mein Leben zwischen zwei Welten. Berlin: Ullstein.

Bourdiou, P. (1983): Ökonomisches Kapital – Kulturelles Kapital – Soziales Kapital. In: Kreckel, R. (Hrsg.): Soziale Ungleichheiten, Göttingen: Schwartz. S. 183-198.

Brownmiller, S. (1996): An index to women´s studies anthologies. New York/NY: Hall.

BKA- Bundeskriminalamt (2005): Presseinformation zu den Ergebnissen einer Bund-/ Länderabfrage zum Phänomenbereich „Ehrenmorde in Deutschland". URL: www. bka. de/pressemitteilungen/2006/060519_pi_ehrenmorde.pdf. Zugriff am 01.01.2007.

Cileli, S. (2002): Wir sind eure Töchter, nicht eure Ehre! Michelstadt: Goldmann.

Cohen, A.K. (1955): Deliquent Boys. Glencoe/Ill.: The Free Press.

Ergil, D. (1980): Türkiyede terör ve siddet. Ankara: Turhan.

Farac, M. (2004): Töre kiskacinda kadin. İstanbul: Günezi.

Feldner, Y. (2000): „Honour"murders – Why the perps get off easy. In: Middle East Quarterly, December 2000, S. 41-50.

Freedom House (2008): Freedom in the World, Country Report Turkey, 2008. URL: http://www.freedomhouse.org/inc/content/pubs/fiw/inc_country_detail.cfm?year=200 8&country=7508&pdf. Zugriff am 02.07.2008.

Gage, N.L./Berliner, D.C. (1996): Pädagogische Psychologie. 5. Aufl. Weinheim: Beltz.

Gashi, H. (2005): Mein Schmerz trägt deinen Namen. Ein Ehrenmord in Deutschland. Hamburg: Weltbild.

Gelles, R.J. (1987): Family violence. Newbury Park/CA: Sage Publications.

Giordano, C. (1992): Die Betrogenen der Geschichte – Überlagerungsmentalität und Überlagerungsrationalität in mediterranen Gesellschaften. Frankfurt a. M.: Campus.

Goodwin, J. (2003): Price of honour. New York/NY: Sphere.

Guttandin, F (1989): Die Ehre des Ritters, Kaufmanns und Hofmanns. In: Guttandin, F. (Hrsg.): Soziologie der Ehre, Kurseinheit 2. Hagen: Fernuniversität Hagen. S. 4- 54.

Heitmeyer, W./Schröttle, M. (Hrsg.) (2006): Gewalt. Beschreibungen – Analyse – Prävention. Bonn: Bundeszentrale für politische Bildung.

Herzfeld, M. (1985): The Poetics of Manhood – Contest and Identity in a Cretan Mountai Village. Princeton/NJ: Princeton University Press.

Hoffmeyer- Zlotnik, J. (1986): Segregation und Integration. Die Situation von Arbeitsmigranten im Aufnahmeland. Mannheim: FRG.

HomeOffice – UK Border Agency (2008): Country of Origin Information Report: Turkey. UK Border Agency, Country of Origin Information Service. URL: www. homeoffice. gov.uk/rds/country_reports.html.countries. Zugriff am 29.08.2008.

Ilkaracan, P. (2002): Women, Sexuality and Social Change in the Middle East and Maghreb. İstanbul: New Ways.

Internationales Zentrum für Menschenrecht der Kurden – IMK e. V. (Hrsg.) (2003): „Mord im Namen der Ehre". Entwicklung und Hintergründe von „Ehrenmorden – eine in Kurdistan verbreitete Form der Gewalt gegen Frauen. Bonn.

Iran Human Rights (2007): A father killed his daughter in Isfahan – Another father buried his daughter alive in Tehran. URL: http://iranhr.net/spip.php?article343). Zugriff am 12.05.2008.

Iran Human Rights (2007): A father strangled his 14 years old daughter because of her suspicious behaviour. URL: www.iranhr.net/spip.php?article735. Zugriff am 02.11.2008.

Iran Human Rights (2007): 50 honor killings in the last 7 months in Iran, according to the Iranian official. URL: http://iranhr.net/spip.php?article803. Zugriff am 29.11.2008.

Kalkan, H. (2005): Ich wollte nur frei sein. Meine Flucht vor der Zwangsehe. Berlin: Ullstein.

Kamer Vakfi (2005): Suclu Kim? – Kamer – Güneydogu ve Dogu Anadolu bölgelerinde namus kisvesi altinda islenen cinayetler ile mücadelede kalici yöntemler gelistirme projesi- 2005 Raporu. URL: www.kamer.org.tr/reports/2005NCRapor.doc. Zugriff am 04.02.2005.

Katz, J. (1988): Seduction of crime: Moral and sensual attractions in doing evil. New York/NY: Basic Boks.

Kehl, K./Pfluger, I. (1997): Das Wertegefühl im türkischen Dorf. In: Der Ausländerbeauftragte des Senats von Berlin (Hrsg.) (1997): Die Ehre in der türkischen Kultur – ein Wertsystem im Wandel. Berlin: Paritätisches Bildungswerk e.V.. S. 16- 25.

Kelek, N. (2006): Die verlorenen Söhne. Köln: Kiepenhäuer&Witsch.

Kersten, J. (1991): Kriminalität, Kriminalitätsangst und Männlichkeitskultur. In: Kriminalsoziologische Bibliographie 18 (S. 72-73), S. 41-64.

Kersten, J. (1997): Gut und (Ge)schlecht. Frankfurt a. M.: Gruyter.

Khan, T. (2006): Honour Killings: A Definitional and Contextual Overview. URL: http://usconsulate-istanbul.org.tr/reppub/vawo/tkhan.html. Zugriff am 02.06.2006.

Khayyat, S. (1991): Ehre und Schande. München: Saqi.

Kirkland, A. (2004): Die Paragraphen, die das Töten legitimieren – Zur Gesetzeslage in Jordanien, Türkei und Pakistan. In: Terre des Femmes/Myria Böhmecke (Hrsg.) (2004): Tatmotiv Ehre. Tübingen. S. 23- 27.

König, K. (1989): Tschador, Ehre und Kulturkonflikt. Veränderungsprozesse türkische Frauen und Mädchen durch die Emigration und ihre soziokulturellen Folgen. Frankfurt a.M.: Verlag für Interkulturelle Kommunikation.

Kuzkaya, H. (2001): Ehre und Scham in der türkischen Sprache. Prototypische Weltkonstruktionen einer traditionell ländlichen Gesellschaft. Dissertation. Hamburg: Universität Hamburg.

Küper-Bagöl, S. (1992): Frauen in der Türkei zwischen Feminismus und Reislamisierung. Hamburg: Lit.

Lamnek, S. (1995): Qualitative Sozialforschung. Bd. 1: Methodologie, 3. korr. Aufl. Weinheim: Beltz.

Kvinnoforum (2005): Honour related violence: A European Resource Book and Good Practics – Based on the European Project „Prevention of violence against women and girls in patriarchal families". Stockholm: Kvinnoforum/European Commission DG Social Affairs and Employment. URL: http://www.kvinnoforum.se/Documents/Literature/Pdf/HRV2005.pdf. Zugriff am 27.11.2008.

Lubig, E. (1997): Ehre im Wandel – Erfahrungen mit dem Ehrbegriff in einem türkischen Dorf. In: Der Ausländerbeauftragte des Senats von Berlin (Hrsg.) (1997): Die Ehre in der türkischen Kultur- ein Wertesystem im Wandel. Berlin. S. 26-43.

Matter, M. (1992b): Ehre und Moral. In: Matter, M./Mischlich, A./Straube, H. (Hrsg.) (1992a): Fremde Nachbarn: Aspekte türkischer Kultur in der Türkei und in der BRD. (Hessische Blätter für Volks- und Kulturforschung 29.) Marburg: Jonas. S. 95- 104.

Mayring, P. (1999): Einführung in die qualitative Sozialforschung. Eine Anleitung zu qualitativem Denken. 4. Aufl., Weinheim: Beltz.

Mayring, P. (2003): Qualitative Inhaltsanalyse. Grundlagen und Techniken. Weinheim: Beltz.

Messerschmidt, J. (1986): Capitalism, Patriarchy and Crime. New York/NY: Roxbury.

Metron, R.K./Kendall, P.L. (1979): Das fokussierte Interview. In: Hopf, C./Weingarten, E. (Hrsg.) (1979): Qualitative Sozialforschung. Stuttgart: Klett- Cotta, S. 171- 204.

Mojab, S./Abdo, N. (2003): Violence in the Name of Honour- theoretical and political changes. Istanbul: Bilgi University Press.

Nauck, B. (2000): Eltern- Kind- Beziehungen in Migrantenfamilien – ein Vergleich zwischen griechischen, italienischen, türkischen und vietnamesischen Familien in Deutschland. In: Sachverständigenkommission 6. Familienbericht (Hrsg.): Familien ausländischer Herkunft in Deutschland, Bd. 1; Opladen.

Özkara, S. (1988): Zwischen Lernen und Anständigkeit. Erziehungs- und Bildungsvorstellungen türkischer Eltern. Frankfurt a. M.: Dagyeli.

Paret, R. (Übers.) (1989): Der Koran. 5. Aufl., München: Ansariyan.

Petersen, A. (1985): Ehre und Scham. Das Verhältnis der Geschlechter in der Türkei. Berlin: Express Ed.

Peristiany, J. (1966): Honour and shame. London: Weidenfeld und Nicolson.

Pervizat, L. (2005): Uluslararasi Insan Haklari Baglaminda Namus Cinayetleri: Kavramsal ve Hukuksal Boyutu ve Türkiye Özelinin Degerlendirilmesi. Dissertation. Istanbul: Istanbul Üniversitesi.

Pfluger-Schindlbeck, I. (1989): „Achte die Älteren, liebe die Jüngeren." Sozialisation türkischer Kinder. Frankfurt a. M.

Safilios-Rothschild, C. (1969): „Honour" Crimes in Contemporary Greece. In: British Journal of Sociology 20, 2 (1969). London. S. 205- 218.

Schami, R. (2004): Die dunkle Seite der Liebe. München: Hanser.

Schiffauer, W. (1983): Die Gewalt der Ehre. Frankfurt a. M: Suhrkamp.

Schiffauer, W. (1989): Vom schweren Los, ein Mann zu werden. In: GEO special Türkei 1 (1989). Hamburg. S. 24-32.

Schiffauer, W. (1992): Der Fall Akar. In: Matter, M. (Hrsg.): Fremde Nachbarn: Aspekte türkischer Kultur in der Türkei und in der BRD. (Hessische Blätter für Volks- und Kulturforschung, Neue Folge, 29). Marburg, S. 145-154.

Schirrmacher, C.(ohne Jahr): Ehrenmorde zwischen Migration und Tradition – rechtliche, soziologische, kulturelle und religiöse Aspekte. In: Internationalen Gesellschaft für Menschenrechte (IgfM) (Hrsg.): Ehrenmorde. URL: http://www.igfm.de/Ehrenmorde_ zwischen_Migration_und_Tradition:rechtl._soziol.1164.0.html. Zugriff am 14.11.2008.

Sisters Arab Forum for Human Rights in partnership with the Swiss SURGIR Foundation (2005): Honour Crimes in Yemen- A Legal and Social Analysis on Violence Against Yemeni Women Pertaining to Honour. URL: http://surgir.ch/userfiles/file/honor_ crimes_in_yemen.pdf. Zugriff am 29.11.2008.

Selltiz, C. et al. (1972): Untersuchungsmethoden der Sozialforschung II. Darmstadt: Luchterhand.

Sen, P. (2005): „Crimes of honour", value and meaning. In: Welchman, L./Hossain, S. (Hrsg.): „Honour" – Crimes, paradigms and violence against women. London: Zed Books. S. 42-63.

Straube, H. (1985): Etappen typischer Migrationsprozesse türkischer Familien und ihre Auswirkungen auf Bewusstsein, Einstellung und Verhalten. Empirische Untersuchungen anhand repräsentativer Fallbeispiele. Fankfurt a. M.: Campus.

Straube, H. (1987): Türkisches Leben in der Bundesrepublik. Frankfurt a. M.: Campus.

Straube, H. (2002): Reifung und Reife. Eine ethnologische Studie in einem sunnitischen Dorf der Westtürkei. Frankfurt a. M.: Campus.

Strobl, R./Lobermeier, O. (2007): Zwangsverheiratung: Risikofaktoren und Ansatzpunkte zur Intervention. In: Bundesministerium für Familie, Senioren, Frauen und Jugend (BMFSFJ); Deutsches Institut für Menschenrechte (Hrsg.) (2007): Zwangsverheiratung in Deutschland. (Forschungsreihe des Bundesministeriums für Familie, Senioren, Frauen und Jugend, Band 1.) Baden-Baden: Nomos Verlag. S. 27-71.

Sykes, G.M./Matza, D. (1957): Techniques of Neutralization: A theory of Delinquency. In: American Sociological Review, 22 (6), 664-670.

Terre des Femmes/Böhmecke, M. (2004): Tatmotiv Ehre. Tübingen: Terre des Femmes e.V. S. 16-22.

Terre des Femmes (2005): Studie Ehrenmord. URL: www.frauenrechte.de/tdf/pdf/EU-Studie_Ehrenmord.pdf. Zugriff am 11.04.2005.

Toprak, A. (2005): Jungen und Gewalt. Die Anwendung der Konfrontativen Pädagogik in der Beratungssituation mit türkischen Jugendlichen. Herbolzheim: Centaurus.

Toprak, A. (2007): Das schwache Geschlecht – die türkischen Männer. Zwangheirat, häusliche Gewalt, Doppelmoral der Ehre. 2. Aufl. Freiburg im Breisgau: Lambertus.

United Nations Population Fund (UNFPA) (2000): State of World Population 2000. Kapitel 3. New York/NY. Im Internet verfügbar unter: http://www.unfpa.org/swp/2000/english/ch03.html.

United Nations Development Programme (2003): The Dynamics of Honor Killings in Turkey. Prospects for Action. Ankara

UN Assistance Mission for Iraq (2007): Human Rights Report. 1 January – 31 March 2007.

U.S. Department of State (2007): Country Report on Human Rights Practices – Iraq, Bureau of Democracy, Human Rights, and Labor. Near East

UNHCR – The UN Refugee Agency (2007): UNHCR's Eligibility Guidelines for assessing the international protection needs of Iraqi asylum seekers. United Nations High Commissioner for Refugees, Geneva.

Van Eck, C. (2003): Purified by blood- Honour killings amongst Turks in the Netherlands. Amsterdam: Amsterdam University

Vogel, C. (1989): Vom Töten zum Mord – Das wirkliche Böse in der Evolutionsgeschichte. München: Hanser.

Vogt, L./Zingerle, A. (Hrsg.) (1994): Ehre. Archaische Momente in der Moderne. Frankfurt a. M.: Suhrkamp.

Walby, S. (1990): Theorising Patriarchy. Oxford: Blackwell.

Welchman, L./Hossain, S. (2005): Honour Crimes, Paradigms and Violence Against Women. London: Zed Books.

World Health Organization (2005): WHO Multi – country Study on Women´s Health and Domestic Violence against Women. Initial results on prevalence, health outcomes and women´s responses. Summary Report. Genf. Im Internet verfügbar unter: http://www.who.int/gender/violence/who_multicountry_study/summary_report/summary_report_English2.pdf.

Yildirim, A. (1998): Siradan siddet – kadina ve cocuga yönelik siddetin toplumsal kaynaklari. Istanbul: Günizi.

Yirmibesoglu, V. (2005): Girtlagi sikilan kadinlar. Istanbul (nicht veröffentlichtes Manuskript).

Zehetgruber, C.. (2007): Der Ehrenmord in Österreich, Deutschland und der Türkei. Strafrechtliche Fragen eines gesellschaftlichen Phänomens. In: Krieger, H. (Hrsg.): Berliner Online – Beiträge zum Völker- und Verfassungsrecht 6. Im Internet verfügbar unter: http://www.jura.fu-berlin.de/einrichtungen/we3/professoren/ls_krieger/dokumente/berliner_online_beitraege_zehetgruber.pdf.

Anhang: Interviewlaitfaden

I   Kurzfragebogen

Name: Vorname:
Geburtsdatum: Geburtsort:
Familienstand:

- Aus welchem Ort in der Türkei kommen Sie bzw. İhre Eltern?
- Warum sind sie in die Großstadt gezogen?
  (Nur wenn Geburtsort eine ländliche Gegend ist)
- Was machen Sie hier beruflich?
- Was macht Ihr Vater beruflich?
- Was macht Ihre Mutter beruflich?
- Was für eine Schulbildung haben Ihre Eltern?
- Was für eine Berufsausbildung haben Ihre Eltern?
- Wie viele Kinder haben Sie (Alter, Geschlecht, Schulbildung, Beruf)?

II   Hauptinterview

1.   Wirtschaftliche Lage der Familie
a) Arbeitslosigkeit
- Wie beurteilen Sie die Arbeitslosigkeit im Osten und Südosten der Türkei?
- Haben Sie Angst, arbeitslos zu werden?
- Waren Sie selbst von der Arbeitslosigkeit betroffen?
- Welche Berufsausbildung haben Sie?
- Welche Schulausbildung haben Sie?

b) Arbeitsbedingunen
- Welche Stellung haben Sie in Ihrem Beruf?
- Welche Grundqualifikationen benötigt man für Ihr Tätigkeitsfeld?
- Beschreiben Sie mir bitte, wie Ihr Arbeitsalltag aussieht?

c) Erwerbseinkommen

- Wie viel Einkommen hat die Familie insgesamt?
- Wie wird das Einkommen erwirtschaftet?
- Wer alles trägt zum Familieneinkommen bei?

2. Rollen- und Autoritätsstruktur in der Familie

- Wie wird in der Familie eine Entscheidung getroffen?
- Wer hat das letzte Wort, wenn eine Entscheidung getroffen wird?
- Was sind aus Ihrer Sicht die Aufgaben eines Mannes?
- Was sind aus Ihrer Sicht die Aufgaben einer Frau?
- Wie beziehen Sie Ihre Frau in eine Entscheidung ein?
- Können Sie mir Ihr Verhältnis zu Ihrer Frau beschreiben?
- Was verstehen Sie unter einer Bestrafung innerhalb der Familie?
- Was denken Sie über Schläge?
- Meinen Sie, dass man manchmal als Strafe Schläge anwenden sollte oder wann könnte man eventuell Schläge anwenden?
- Kommt es vor, dass Sie Ihre Kinder oder auch Ihre Frau schlagen?
- Was tun Sie, wenn Ihre Frau nicht das tut, was Sie von ihr verlangt haben?
- Bei welchem Fehler Ihrer Frau würden Sie die größte Strafe geben und was wäre in diesem Fall die größte Strafe?
- Was ist aus Ihrer Sicht eine richtige Strafe für Ihre Frau?
- Kam es vor, dass Sie von Ihren Eltern geschlagen wurden? Warum und wann haben Ihre Eltern Schläge angewendet?
- Benutzen Sie Schimpfwörter? Welche Ausdrücke sind das und mit welcher Absicht benutzen sie Schimpfwörter?
- Haben auch Ihre Eltern Schimpfwörter benutzt? Welche Ausdrücke waren das?

3. Die Bedeutung der Ehre

- Was verstehen Sie unter Ehre?
- Was ist Ihrer Meinung nach ehrenhaft zu sein oder was ist ein ehrenhaftes Verhalten?
- Wie ist aus Ihrer Sicht ein ehrenhafter Mann?
- Wie ist aus Ihrer Sicht eine ehrenhafte Frau?

- Wann ist Ihrer Meinung nach ein Mann unehrenhaft?
- Wann ist Ihrer Meinung nach eine Frau unehrenhaft?
- Wann ist Ihrer Meinung nach die Ehre beschmutzt?
- Wie ist Ihrer Meinung nach eine unehrehafte Frau zu bestrafen?
- Wie würden Sie eine Vergewaltigung der Frau beurteilen?
- Wem seiner Aufgabe ist es Ihrer Meinung nach die Ehre zu beschützen? Wer ist von der Ehre verantwortlich?
- Wie kann Ihrer Meinung nach eine verletzte Ehre wiederhergestellt werden?
- Wessen Aufgabe ist es die verletzte Ehre wiederherzustellen?
- Kann die Frau ihre verletzte Ehre wiederherstellen?
- Nehmen wir an, die verletzte Ehre wird nicht hergestellt. Was meinen Sie wie das Umfeld darauf reagieren würde?

Ilhami Atabay

Zwischen Islamismus und Patchwork

*Identitätsentwicklung bei türkeistämmigen
Kindern und Jugendlichen dritter und vierter
Generation*

Münchner Studien zur Kultur- und Sozialpsychologie,
Bd. 21, 2. stark überarbeitete und ergänzte Auflage von
„Ist dies mein Land?", 2012, ca. 250 S., br.
ISBN 978-3-86226-017-1, € 19,80

Wer bin ich? Dies war für den Psychoanalytiker Erik H. Erikson die Leitfrage seiner Arbeiten zur Identität. Heute ist es für viele schwieriger denn je auf diese Frage eine Antwort zu geben.

Vor allem die Kinder und Enkel der MigrantInnen, etwa aus der Türkei, bekommen häufig Fragen bezüglich ihrer Identität und Heimatzugehörigkeit gestellt. Beispielsweise, als was fühlst Du Dich? Als Deutsche oder als Türkin? In welcher Sprache träumst Du? Wo fühlst Du Dich zuhause, in Deutschland oder in der Türkei? Oder ganz direkt: Wirst Du irgendwann in Deine Heimat zurückkehren?

Meine Fragen an die Jugendlichen lauteten: Wie würdest Du Dich definieren? Wer, wie und was bist Du? Als was möchtest Du von Deinen MitschülerInnen, LehrerInnen, FreundInnen, Eltern, usw. gesehen werden? Die Antworten darauf waren sehr eindeutig: Ich möchte als Mustafa, als Handan, im Grunde als Subjekt, als eine Person ohne Zusätze gesehen werden. Denn auch Stefan, Sandra oder Lukas werden nicht mit Anhängseln wie deutsch und Katholik aus NRW oder der Preuße aus Berlin mit evangelischem Glauben oder der blonde und blauäugige Bayer definiert.

Centaurus Buchtipps

Sebastian Hacke
Medienaneignung von Jugendlichen aus deutschen und türkischen Familien
Eine qualitativ-rekonstruktive Studie
Soziologische Studien, Bd. 38, 2012, ca. 600 S.,
ISBN 978-3-86226-075-1, € **28,80**

Neu!

Verena Jacob
Die Bedeutung des Islam für Jugendliche aus der Türkei in Deutschland
Empfehlung für die Soziale Arbeit in der Jugendberufshilfe
Migration & Lebenswelten, Bd. 4, 2011, 168 S.,
ISBN978-3-86226-096-6, € **19,80**

Viviane Nabi Acho
Elternarbeit mit Migrantenfamilien
Wege zur Förderung der nachhaltigen und aktiven Beteiligung von Migranteneltern an
Elternabenden und im Elternbeirat
Migration & Lebenswelten, Bd. 2, 2011, 138 S.,
ISBN 978-3-86226-039-3, € **17,80**

Saskia Hofmann
Yes she can!
Konfrontative Pädagogik in der Mädchenarbeit
Gender & Diversity, Bd. 2, 2011, 135 S.,
ISBN978-3-86226-050-8, € **18,80**

Tina Görner
Was für ein Theater!
Methodische Ansätze in der Arbeit mit gewaltbereiten Jugendlichen
Reihe Pädagogik, Bd. 40, 2011, 110 S.,
ISBN 978-3-86226-117-8, € **18,80**

Dinah Kohan
Migration und Behinderung. Eine doppelte Belastung?
Eine empirische Studie zu jüdischen Kontingentflüchtlingen mit einem geistig behinderten
Familienmitglied
Beiträge zur gesellschaftswissenschaftlichen Forschung, Bd. 25, 2012, 366 S.,
ISBN 978-3-86226-044-7, € **25,80**

Ilhami Atabay
Die Kinder der Gastarbeiter
Familienstrukturen türkeistämmiger MigrantInnen zweiter Generation
Münchner Studien zur Kultur- und Sozialpsychologie, Bd. 20, 2. üb. u. erg. Auflage 2011, 224 S.,
ISBN 978-3-86226-016-4, € **19,90**

Ilhami Atabay
„Ich bin Sohn meiner Mutter"
Münchner Studien zur Kultur- und Sozialpsychologie, Bd. 19, 2010, 165 S.,
ISBN 978-386226-014-0, € **18,90**

Informationen und weitere Titel unter **www.centaurus-verlag.de**